Dieter Heri Mader

Der Weg ins Licht

Wir kommen aus dem Licht,

wir gehen in das Licht.

Alles, was wir dazwischen erleben ist ein

großes Abenteuer.

Je mehr wir lieben, desto größer ist der

Schmerz, wenn wir loslassen müssen.

Je mehr wir die Liebe verstehen, desto

leichter wird uns das Loslassen.

Lieben und Lachen sind die Bausteine, aus

denen ein gutes Leben gemacht wird.

Unsere Dankbarkeit und unsere

persönliche Kreativität sind unser

Geschenk an Gott.

Dieter Heri Mader

Der Weg ins Licht

Unsere Reise über den Tod hinaus

MERANO-VERLAG

Bibliographische Information der Deutschen Bibliothek:
Die Deutsche Bibliothek verzeichnet diese Publikation in der Deutschen Nationalbibliographie; detailliertere bibliographische Daten sind im Internet über <http://dnb.d-nb.de> abrufbar.

Herstellung: Books on Demand GmbH, Norderstedt
Printed in Germany

ISBN-13: 978-3-944700-04-5

Inhalt:

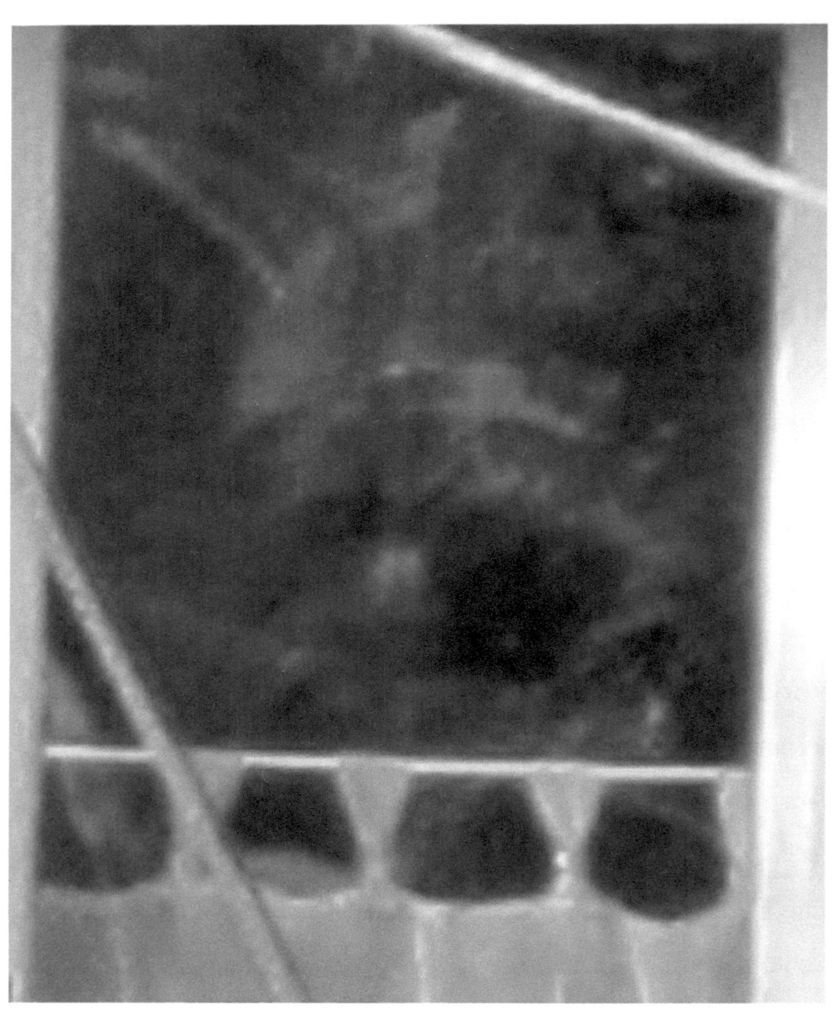

Ein Geister-Gesicht im Fenster?

Vorwort

Der Tod und auch das Sterben sind in unserer Gesellschaft ein unliebsames Thema. Die meisten Menschen wollen sich gar nicht damit befassen und werden dann um so mehr getroffen, wenn im Umfeld der nächsten Verwandten oder im engen Freundeskreis ein Todesfall eintritt.

Niemand geht wohl gerne auf eine Beerdigung. Beileidsbekundungen und Trauer sind unangenehme Erfahrungen. Doch es kommt auch immer sehr darauf an, wie der einzelne Mensch mit dem Thema Tod und Sterben umgeht.

Es betrifft jeden einzelnen von uns. Jeder erfährt, wie es ist, wenn ein Mensch, der gestern noch da war, plötzlich stirbt und fehlt. Und letztlich wird das Thema dann noch sehr persönlich, wenn es um unseren eigenen Tod geht.

Es gibt viele Wege zu Sterben. Krankheit, Unfall, Selbstmord, Altersschwäche, um nur ein paar zu nennen. Das Sterben durch Krankheit kann sich über Jahre erstrecken, bis der Körper irgendwann den Kampf gegen die Krankheit aufgeben muss. Es kann aber auch sehr schnell gehen, wenn eine todbringende Krankheit erst spät erkannt wird und dann schnell zum Ende führt.

Ein Unfall tritt im Normalfall sehr spontan ein und reißt den Menschen aus seinem Leben. Es bleibt keine Zeit den eigenen Abschied zu planen und auch die Hinterbliebenen sind durch einen solchen Unfall in erster Linie geschockt.

Ein Selbstmord kann die nahestehenden Menschen auch sehr überraschen, oft gibt es allerdings auch Warnsignale und Anzeichen. Werden diese nicht beachtet oder als unwichtig abgetan, dann kann es nach so einer Tat auch zu Schuldgefühlen kommen und man ist geneigt sich zu fragen: "Hätten wir das verhindern können?"

Ein Tod durch Altersschwäche mag uns als der angenehmste Tod erscheinen. Nach einem erfüllten Leben im Kreise der geliebten Angehörigen den letzten Atem auszuhauchen - das hat schon beinahe etwas Anrührendes. Doch auch hier kann es sein, dass die letzten Jahre vor dem Sterben durch körperlichen und/oder geistigen Verfall gekennzeichnet waren oder auch von einer unangenehmen Krankheit begleitet wurden.

Wie wir es auch drehen und wenden, der Tod erscheint uns in den meisten Fällen unpassend, unangenehm und schwer anzunehmen.

Und doch kann unsere eigene Einstellung zum Tod und zum Sterben eine ganz entscheidende Rolle spielen, wie wir selbst mit diesem Thema umgehen. Wie gesagt - ein jeder Mensch wird im Laufe seines Lebens öfter mit dem Thema konfrontiert und ist am Ende auch unausweichlich selbst betroffen.

Dieses Buch möchte eine Hilfe sein für alle, die sich als Betroffene finden. Es möchte behutsam an das Thema Tod und Sterben heranführen, zum Nachdenken anregen, wertvolle Informationen aus dem direkten Kontakt mit Sterbenden vermitteln und auch über seltsame Phänomene berichten, die im Zusammenhang mit dem Tod eines Menschen auftreten können.

Sie werden hier über sehr persönliche Erfahrungen lesen und natürlich die Meinung des Autoren wiederfinden. Es soll für Sie ein Ansporn sein, sich Ihre eigenen Gedanken zu dem Thema zu machen. Hinterfragen Sie, was Sie hier lesen. Denken Sie darüber nach und - was noch viel wichtiger ist - fühlen Sie in sich selbst hinein.

Dann haben Sie eine echte Chance, Ihre eigene ganz persönliche Wahrheit zu finden und Ihren eigenen Weg im Umgang mit dem Sterben.

Es ist ganz wichtig, dass Sie verstehen, dass es unzählige unterschiedlichste Erfahrungen im Zusammenhang mit dem Sterben gibt. Es wird hier nicht die eine große Wahrheit verkündet werden, und das soll auch so sein.

Der Tod ist ein Mysterium und er fordert uns dazu auf, einen eigenen sehr persönlichen Weg zu finden, damit umzugehen.

Wir können Informationen zusammentragen, Bücher lesen, mit Menschen sprechen, eigene Erfahrungen sammeln, "erleben", was um uns herum geschieht. Letztlich wird jeder von uns aufgefordert sein, seine eigenen und ganz persönlichen Schlussfolgerungen zu ziehen.

Aus der Summe der persönlichen Erfahrungen kann eine persönliche Gewissheit werden. Diese kann man mit anderen Menschen teilen. Doch letztlich sollte jeder für sich entscheiden, welche Erkenntnisse daraus gezogen werden.

Das Leben ist für jeden von uns individuell. Jeder von uns hat seine eigenen Aufgaben zu lösen. Herausforderungen und Probleme werden nach einem Muster verteilt, das wir nur schwer verstehen.

Und auch das Sterben und der Tod ist für jeden von uns individuell. Hier gibt es kein Strickmuster, das wir abkopieren können. Unser eigenes Sterben, unser eigener Tod wird eine sehr persönliche und individuelle Angelegenheit für uns sein.

Damit ist es leicht verständlich, dass auch unser eigener Umgang, sowohl mit unserem Leben als auch mit unserem Sterben ein sehr persönlicher sein darf und sollte. Nehmen Sie sich die Freiheit, über Ihr eigenes Leben nicht nur nachzudenken, sondern es auch mit Ihrem Herzen zu spüren.

Wie fühlt es sich für Sie an? Treffen Sie die richtigen Entscheidungen? Sind Sie für sich selbst die beste Freundin, der beste Freund? Was sagt Ihr Bauchgefühl dazu?

Trauen Sie sich ruhig, in das Mysterium Ihres eigenen Lebens einzutauchen. Reflektieren Sie, denken und fühlen Sie nach.

Und ja - fassen Sie ruhig den Mut, auch über Ihr eigenes Sterben und über Ihren Tod nachzudenken und nachzufühlen. Oder besser gesagt - vorauszudenken und vorauszufühlen, denn noch sind Sie ja hier, auf dieser Seite der Existenz.

Für viele Menschen ist diese Seite der Existenz die einzige Seite, die sie akzeptieren. Sie negieren ein Weiterleben nach dem Tod und haben keinen "Glauben".

Andere Menschen haben einen Glauben, der sie dazu zwingt, Mitmenschen aus religiösen Gründen umzubringen, um dafür eine Belohnung von ihrem Gott im Jenseits zu erhalten.

Das, was jeder einzelne Mensch als seine Wahrheit akzeptiert, ist auf unserem Planeten sehr unterschiedlich.

Wir können uns frei machen von Dogmatismus, frei machen von einschränkenden Glaubenssystemen und Religionen, die widersprüchliche Heilsversprechen abgeben.

Wir müssen keine Ideologie vertreten oder predigen. Wenn wir Informationen erhalten und mitteilen und dazu eine Meinung abgeben, so betrachten wir diese Meinung bitte immer als unsere eigene Meinung.

Lassen Sie sich, liebe Leser, noch einmal dazu ermutigen, alles, was Sie hier lesen werden, auf Ihre eigene, ganz persönliche Waagschale zu legen um dann für sich selbst die ganz individuellen Schlüsse zu ziehen.

Sie dürfen sich die Freiheit erlauben, Ihre eigene Meinung im Dreiklang Ihrer Stimmen - Kopf, Herz und Bauch - zu entdecken, zu formen und mit etwas Mut auch zu festigen.

Möge dieses Buch Ihnen helfen, aus der Hoffnung in das Vertrauen zu kommen.

Ihr Dieter Heri Mader

Der Sprung ins Leben

Ein Baby wird geboren. Der erste Atemzug ist getan. Es lebt. Und es liegt an den Zeugen der Geburt, wie dieses Ereignis wahrgenommen wird.

Im Idealfall haben wir eine glückliche Mutter, die nach der Geburt einfach nur froh und dankbar ist, ihr Baby zu sehen, zu spüren, zu erleben.

Wir haben einen glücklichen Vater, der sich sehr über seinen Nachkommen freut, stolz auf seine Partnerin ist, dass sie ihm ein gesundes Kind geschenkt hat und der keine Ahnung hat, wie anstrengend eine solche Geburt ist!

Wir haben ein Team aus Ärztin/Arzt, Hebamme, Helfer(innen) mit Erfahrung, die dem neugeborenen Menschen den Schritt ins Leben unterstützt haben.

Und natürlich haben wir das Baby. Es kann sein, dass es sich alles aufmerksam und ruhig betrachtet, beinahe möchte man sagen, es scheint interessiert zu sein an der neuen Umgebung. Oder das Baby schreit und zappelt, dass es kaum zu wiegen ist und mag sich gar nicht beruhigen. Schon bereits der Start ins Leben ist eben sehr individuell.

Wobei wir auch schon zur ersten Frage kommen: Wann beginnt das Leben? Ist es der erste Atemzug, der unseren Start ins Leben kennzeichnet?

Die Astrologen bestätigen, dass der Moment der Geburt und der Stand der Sterne hierbei ein Spiegel und Abbild dessen sind, "wie wir in das Leben starten", mit welchen Voraussetzungen, Talenten, Schwächen und Stärken, Herausforderungen und Lernaufgaben.

Beginnt das Leben möglicherweise schon mit dem Moment der Zeugung, wenn Eizelle und Samenzelle sich vereinigen?

Technisch sind wir in der Lage, Eizellen und Samenzellen einzufrieren und sogar wenn beide Elternteile schon längst verstorben sind, könnten wir daraus ein Retortenbaby ziehen.

Das Leben kann damit ja nur in Eizelle und Samenzelle schon irgendwie "vorprogrammiert" sein. Es kommt zur Vereinigung dieser beiden Zellen, zur Zellteilung und zur Entstehung der unterschiedlichen Organe. Ohne Zutun des Menschen entwickelt sich das Embryo, das Leben entsteht aus der Natur heraus. Wir betrachten, was geschieht und wie es sich entwickelt, sind aber doch nicht ganz in der Lage zu verstehen, in welchem Moment genau das "Leben" entsteht.

Denken wir nur an die Diskussionen zur Abtreibung. Wie lange nach der Zeugung darf man das "ungeborene Leben" ungestraft entfernen?

Die Pille danach muss sehr schnell eingenommen werden, um einen wirkungsvollen Schwangerschaftsabbruch zu garantieren.

Für eine Abtreibung sind die gesetzlichen Hürden etwas höher. Hier benötigt die schwangere Frau zumindest den Nachweis einer "Beratung", bevor sie sich das ungeborene Leben aus dem Mutterleib entfernen lassen darf.

Die letzten Sätze mögen etwas hart formuliert sein. Doch sollten wir stets bestrebt sein, die Dinge - egal wie unangenehm sie erscheinen mögen - doch so direkt und klar als möglich beim Namen zu nennen.

Damit kommen wir auch schon zur zweiten Frage: Wann beginnt das Sterben? Und wenn Sie sich dazu erst mal ein paar eigene Gedanken machen wollen, werden Sie möglicherweise feststellen, dass die Antwort hierauf auch nicht sofort ganz eindeutig ausfallen möchte.

Sind es die letzten Stunden am Krankenbett, nach dem Anruf vom Hospital: "Es geht zu Ende."?

Oder beginnt das Sterben mit der Diagnose: "Sie haben Krebs im Endstadium. Sie haben noch wenige Wochen." Oder beginnt das Sterben bereits vor der Diagnose?

Wenn wir ganz ehrlich zu uns selbst sind, dann stellen wir fest: Das Sterben beginnt bereits vor der Geburt.

Die Millionen Samenzellen, die den Weg zur Eizelle eben nicht als Erste geschafft haben, verlieren innerhalb von wenigen Stunden ihre Lebenskraft. Auch die Eizelle, die nicht befruchtet wird, stirbt bereits wenige Stunden nach dem Sprung, wenn keine Samenzelle sie errettet.

Wenn wir uns mit dem Thema "Leben und Sterben" befassen, dann erkennen wir doch recht bald, dass wir bereits ganz zu Beginn in Bereiche kommen, die wir am Besten mit einem philosophischen Ansatz beschreiben können.

Mit reiner Religion kommen wir in Anbetracht der Tatsache, dass es doch recht unterschiedliche Religionen gibt, nicht besonders weit, wenn wir auf der Suche nach der "Wahrheit" sind.

Auch die Wissenschaft gibt uns viele Antworten und kann uns bei der Suche nach der "Wahrheit" sehr gut helfen. Doch auch hier gibt es Grenzen und Bereiche, wo wir nur unzureichende Ergebnisse und Beweise vorfinden werden. Manches Mal werden wir sogar widersprüchliche wissenschaftliche Meinungen finden. Oder sollten wir sagen "widersprüchliche Beweise"? Wie aussagekräftig ist ein wissenschaftlicher Beweis denn, wenn er zu widerlegen ist? Oder ist es immer nur die Interpretation der Messergebnisse, die den wissenschaftlichen Streit begründet?

Und genau deshalb machen wir uns bitte frei von allen vorgefertigten "Beweisen" und "Meinungen". Sammeln wir einfach Informationen und Erfahrungen. Berichten wir darüber und kommentieren wir unsere persönliche Meinung dazu.

Und fordern wir uns immer wieder auf, unseren **Kopf** zu benutzen, um darüber nachzudenken. Zu dem, was Sie hier lesen, fragen Sie am besten auch Ihr **Herz**, wie sich die Informationen für Sie persönlich anfühlen. Und hören Sie auf Ihr **Bauchgefühl**, die leiseste Stimme, die Sie haben. Nehmen Sie alle diese drei Stimmen und haben Sie den Mut, für sich selbst eine "demokratische" Entscheidung zu treffen.

Sie werden möglicherweise feststellen, dass der Kopf anderer Meinung ist als Herz und Bauch. In unserer Gesellschaft sind wir es gewohnt, dass die meisten Entscheidungen vom Kopf getroffen werden. Der Kopf regelt das schon. Der Kopf ist ein kühler Denker, kann rechnen und liefert uns Argumente und Beweise. Das ist gut so. Er sitzt ja auch oben, auf dem Thron des Körpers.

Unser Herz sitzt in der Mitte des Körpers und es versorgt liebevoll "ein Leben lang" den gesamten Körper mit Sauerstoff und Nährstoffen. Die Stimme des Herzens ist warm. Wenn wir es schaffen, diese Wärme zuzulassen, dann haben Kopf und Herz so manches Mal ein Dilemma. Der Kopf sagt "nein" und das Herz sagt "ja, bitte". Was dann?

Dann können wir auf die feine und leise Stimme des Bauches hören. Die meldet sich normalerweise schon vor dem Kopf zu Wort und ist so subtil, dass sie sehr leicht überhört wird. Es braucht eine gewisse Übung, diese Stimme wahrzunehmen. Es will gelernt werden, damit umzugehen und darauf zu vertrauen. Doch - aus eigener Erfahrung kann ich Ihnen sagen: Wenn Sie es gelernt haben die Stimme wahrzunehmen und immer wieder nicht darauf gehört haben, dann erkennen Sie mit der Zeit, wie recht diese leise Stimme doch immer wieder hatte. Das ist ein Weg, eine Chance, diese Bauchstimme in Ihr Leben zu integrieren.

Der letzte Schritt ist dann nur noch, den Mut zu finden, Herzentscheidungen im Leben zuzulassen. Der Kopf wird sich schwer tun, die Kontrolle abzugeben und das umzusetzen, was Herz und Bauch wollen, wenn es zur demokratischen Abstimmung 2:1 kommt.

Und doch - finden Sie ruhig einmal den Mut eine "Herzentscheidung" umzusetzen. Gönnen Sie Ihrem Kopf ruhig auch mal eine Pause und lassen Sie auch mal das Herz mutig voranschreiten.

Es könnte sein, dass Sie lernen, diese neue Qualität der Herzentscheidungen in Ihrem Leben echt zu schätzen.

Es könnte Ihr Leben bereichern und Sie auch aus manchem "Kopfzerbrechen" befreien. Der Kopf muss ja nicht immer alles alleine machen. Für die Dinge, für die er sowieso keine Lösung findet, fragen Sie doch einfach mal Bauch und Herz. Und dann trauen Sie sich, die Entscheidung zu akzeptieren und umzusetzen.

Sie könnten überrascht sein! Im positiven Sinne.

Betrachten wir uns kurz das Leben an sich: Wenn wir geboren werden sind wir als Menschen hilflos. Wir sind auf die Unterstützung anderer Menschen angewiesen, um zu überleben. Wir kommen mit leeren Händen auf die Welt und wenn wir gehen, lassen wir all unsere angehäuften Besitztümer zurück.

Alles, was wir in diesem Moment "unser Eigen" nennen, können wir als Geschenk des Lebens an uns betrachten. Wir sind hier, um unser Glück zu finden, das Leben zu erkunden, Erfahrungen zu sammeln und Herausforderungen zu meistern.

Und nun kommt etwas sehr persönliches in dieses Buch, denn bereits kurz nach dem Beginn des Schreibens ereignete sich etwas, was das ganze Konzept dieses Buches über den Haufen geworfen hat.

So ist das Leben. Wir machen Pläne und das Leben wirft sie um.

Dieses Buch sollte eine Betrachtung des gesamten Lebens werden und auch auf viele wichtige Fragen zum Leben eingehen. Dieses Buch sollte das Wissen und die Erfahrungen einer Sterbeamme mit einbringen und ich bin nach wie vor davon überzeugt, dass es ein großer Nutzen für uns alle wäre, wenn diese Erfahrungen mit den Lesern geteilt werden. Die Zeit ist dafür noch nicht reif.

Es ist auch Teil eines glücklichen Lebens, Entscheidungen anderer Menschen, die wir uns anders wünschen würden, zu akzeptieren. Und dann nach vorne zu blicken und das Beste daraus machen. Wenn wir das Leben mit einer positiven Grundeinstellung annehmen, und bereit sind, die Veränderung als natürlichen Teil des Hierseins anzunehmen, dann haben wir jeden Tag die Chance, aus Schwierigkeiten heraus etwas zu erschaffen, das sonst nicht in dieser Form entstanden wäre.

Und damit möchte ich gleich noch einen zweiten sehr persönlichen Punkt anbringen. Gerade in den letzten Wochen hatte ich Kontakt zu einer Frau, die selbst ein Buch geschrieben hat. Sie hat jahrelang nach einem Verlag für Ihr Buch gesucht, immer wieder neue Anläufe gemacht und eine Absage nach der anderen eingefahren. Ich kenne das nur zu gut. Als ich damals mein erstes Buch geschrieben hatte, war es ganz genauso. Die kleinen oder mittleren Verlage wollten sofort eine Leseprobe und hätten innerhalb von nur wenigen Tagen, also "sofort" mein Buch in deren Katalog mit aufgenommen - ich sollte nur sämtliche Kosten für den Druck usw. bezahlen. Die großen Verlage haben alle dankend abgelehnt und mich weiter geschickt. Die hatten noch nicht einmal ein bisschen Interesse am Inhalt des Buches gehabt.

Es gab einen Verlag, der hätte mich sogar derart über's Ohr gehauen, da hätte ich selbst nach dem Verkauf der ersten Auflage immer noch ein sattes Minus gehabt. Also keine Rückerstattung der Druckkosten.

Damals, 1999, habe ich mich dazu entschlossen, am 23. April den Merano-Verlag zu gründen. Aus Unwissenheit und völlig blauäugig wurde ich dann noch vom Finanzamt um mehrere tausend Deutsche Mark geprellt. Ja, ich sage das so offen. Das Finanzamt hat mir unterstellt ich wäre ein "Kaufmann" und hat mich für meine Fehler hart bestraft, ohne Gnade.

Das Geld, das ich zu Beginn für den Druck benötigt hatte, mehrere Tausend DM hatte ich als Einnahme für den Verlag gerechnet. Als ich die Druckkosten dann durch den Verkauf der Bücher wieder herein gewirtschaftet hatte, habe ich das Geld also als Ausgabe entnommen. Nach meinem Verständnis sollte das ja aus "Verlagssicht" so sein. Einnahme, wenn etwas dazukommt, Ausgabe, wenn etwas herausgenommen wird. Das Finanzamt hat diese "Ausgabe" nicht akzeptiert und mich diese etwa 8000 DM noch einmal voll versteuern lassen. Ich wäre nicht der Einzige, dem das so passiert, sagte mir der Finanzbeamte. Also Unwissenheit schützt vor solcher Doppelbesteuerung nicht. Mein Schriftwechsel mit der Finanzbehörde hat überhaupt nichts gebracht.

Das nennt man Leben. Der Verlag hat überlebt, gegen den Widerstand so einiger Menschen. Und so hat es mich sehr gefreut, dass ich in den ersten Wochen dieses Jahres dieser Frau, der jungen Autorin, mit meiner Erfahrung helfen konnte, für ihr Buch nun endlich doch noch einen Verlag zu finden.

Ihr Buch ist diese Woche erschienen und ich möchte es hier erwähnen, da mich die Zusammenarbeit mit dieser jungen Autorin doch auch selbst sehr beflügelt und ermuntert hat, wieder an einem neuen Buch zu schreiben.

Es ist von Anke Rittscher und nennt sich "Bienengflüster ohne e". Es ist ein spirituelles Buch über unsere Bienen, Politik, Liebe und vieles mehr. Anke ist Numerologin, sie hat das Herz am rechten Fleck und einen erfrischenden, humorvollen Schreibstil. Ihr Buch hat mich mehr als einmal tief berührt.

Und auch darum geht es in unserem Leben. Die Blumen am Wegesrand zu sehen, und mit Freude anzunehmen, was uns begegnet.

Es kommt auch sehr darauf an, was wir selbst aus unserem Leben, aus unseren Eindrücken und den Ereignissen, mit denen wir zu tun haben, machen. Es liegt immer wieder nur an uns selbst, wie wir das Leben annehmen.

Durch diese junge Autorin hat sich auch mein Schreibstil verändert. Früher habe ich sehr viel überlegt, was ich schreibe. Jetzt lasse ich es einfach fließen. Das fühlt sich richtig gut an und die Worte sprudeln nur so auf's Papier.

Und ich hoffe, Sie als Leser finden das ebenfalls gut. Staubtrockene Sachbücher gibt es doch schon genug. Lassen Sie uns doch die Freude am Leben, am Schreiben, am Lesen und überhaupt an Allem was wir tun, auch in einem Buch zur Wirkung kommen, das in erster Linie sich mit dem Sterben und dem Tod befassen möchte.

Ja, und noch etwas: Da die Sterbeamme nun doch nicht an diesem Projekt mitarbeiten kann, wird sich der Schwerpunkt dieses Buches auch ein wenig verlagern.

Es ist nun meine Aufgabe, die Worte allein zu finden und zusammen zu stellen. Und ich bin keine Sterbeamme. Mein Weg hat mich zu Beginn des neuen Jahrtausends mit Heiler(inne)n zusammengeführt. Ich durfte eine Ausbildung zum "Geistheiler" machen, habe haufenweise Bücher zu allen möglichen spirituellen und esoterischen Themen gelesen, habe Patienten behandelt und durch Meditationen einen Zugang zu Wissen und Fähigkeiten erlangt, wie ich es zuvor nicht für möglich gehalten hätte.

Und da ich mich als Kind schon immer für Spukgeschichten interessiert habe, durfte ich mit den erworbenen sensitiven Fähigkeiten auch einen Zugang zur Welt der Geistwesen und Verstorbenen finden. Und das wird nun wohl auch der Schwerpunkt dieses Buches werden.

Eine Freundin hat mich vor Jahren mal spaßeshalber als "Geisterjäger" bezeichnet und ich konnte es mir nicht verkneifen, ein Buch mit diesem Titel zu veröffentlichen.

Nun, nicht jeder versteht Spaß und viele stellen sich unter einem Geisterjäger auch etwas ganz bestimmtes vor: Eine Gestalt, die mit Messgeräten und Fotoapparat bewaffnet Beweise für Spukerscheinungen einfangen will. Im Fernsehen kommen solche Geisterjäger ja immer wieder und ich amüsiere mich jedes mal köstlich über die unbeholfenen Versuche dieser Menschen, mit solchen Phänomenen "ernsthaft" umzugehen.

Bei mir ist es so, dass ich ein Mensch bin, der ein enormes Interesse an solchen Phänomenen hat, ja, ich bin neugierig, was diese Dinge betrifft, um es einmal deutlich zu sagen.

Gleichzeitig weiß ich aber auch, dass der Unterschied vom Lebenden, dem man auf der Straße begegnet, zum Verstorbenen als Geistwesen nun wirklich nicht so besonders groß ist. Wie würde sich ein lebender Mensch wohl fühlen, wenn wir ihm mit Nachtsichtgeräten und Fotoapparat hinterher spionieren? Würden wir uns wirklich wundern wenn er uns verscheuchen will und wir dann einen panischen Schrecken bekommen, wenn er uns zeigt, dass er seine Ruhe haben möchte? Ja genau. Genau so, wie wir es von den Geisterjägern aus dem Fernsehen kennen.

Glauben Sie mir, es gibt bessere Wege, mit Spukerscheinungen umzugehen. Es wird mir eine Freude sein, Sie als Leser an meinen Erfahrungen teilhaben zu lassen und ich hoffe, Sie haben beim Lesen auch Ihre Freude daran.

(Anmerkung: Es gibt inzwischen auch andere Geisterjäger dort draußen, die genau wie ich einen spirituellen Ansatz wählen. Diese Entwicklung ist bemerkenswert!)

Hilfe, hier spukt's

Schon als Kind auf dem Weg zur Schule kam ich mit meiner Schwester an diesem alten Haus in unserem Dorf vorbei, das seit Jahren unbewohnt war. Meine Schwester sagte damals zu mir: "In dem Haus da spukt's!" Mir war das damals absolut nicht geheuer und keine 12 Pferde hätten mich in dieses alte Haus gebracht. Als Kind hat man ja noch Respekt vor solchen Dingen. Andererseits lernt man als Kind auch schon, dass nicht alle Menschen an so etwas wie "Spuken" glauben.

Es macht sich dann schon ein wenig Unsicherheit breit - was ist denn nun? Spukt es in dem Haus wirklich oder doch nicht? Gibt es überhaupt so etwas wie Spuk? Und falls ja, warum und wieso? Wenn es das gibt, wieso glauben dann manche so gar nicht daran?

Nun - heute, mit all meinen Erfahrungen, die ich machen durfte, sage ich voller Überzeugung: "Ja, Spuk ist etwas sehr Reales! Das gibt es wirklich." Und es gibt immer wieder Situationen, wo sich Menschen "in die Hose scheißen" vor lauter Angst. Auch sollte man hier anmerken, dass Spuk durchaus auch lebensgefährlich sein kann. Verharmlosen ist da sicher nicht angebracht.

Als Kind habe ich mich nicht getraut, in das Spukhaus zu gehen. Heute (das Haus steht schon längst nicht mehr) würde ich ja schon aus purer Neugier in so ein Haus reingehen. Allerdings ist es ja auch so, wenn ich komme, dann spukt es normalerweise nicht, solange ich da bin.

Zumindest - ja doch - ein bisserl Spuk durfte ich schon auch hautnah miterleben.

Der Vater meiner Freundin ist vor etwa 12 Jahren gestorben. Nun spukt es bei meiner Freundin. Ich war jedenfalls direkt dabei, als eine Deko-Kugel mit etwa 10 cm Durchmesser aus einem Blumentopf in hohem Bogen herausgesprungen ist und wie eine Kanonenkugel auf den Boden geknallt ist. Und da fallen öfter Dinge durch die Gegend auch wenn gar keiner in der Nähe ist.

Nun - wenn Sie selbst einmal ein wenig nachdenken, dann haben Sie möglicherweise auch schon seltsame Dinge erlebt.

Wenn Sie mich fragen - aus all meinen Erfahrungen heraus bin ich heute felsenfest davon überzeugt, dass es eine geistige Komponente in unserem Universum gibt, die durchaus auch in unserem täglichen Leben auf der Erde sichtbar wird.

Eine weitere Spuk-Geschichte aus erster Hand: In Stammham/Westerhofen gibt es ein altes Schloß, das schon zur Zeit der römischen Belagerung erbaut wurde, und das vor ein paar Jahren von den Band-Mitgliedern der Gruppe Slut bewohnt wurde. Da mein damaliger Nachbar mit den Band-Mitgliedern eng befreundet war, ergab sich eines Tages die Gelegenheit, die Jungs im Schloß zu besuchen. Eines der Band-Mitglieder erzählte mir, dass es im Schloß spukt. Er wäre nur sehr ungern nachts alleine dort, weil immer wieder Türen zufallen und Geräusche ihn aus dem Schlaf reißen.

Er erzählte außerdem, dass er beim Einzug in das alte Gemäuer mit dem Schlagbohrer ein Loch in die Wand gebohrt hat, um darin einen Dübel zu versenken. Und da hat ihm doch der Spukgeist direkt aus dem Bohrloch den Staub ins Auge geblasen. Manchmal geschehen schon seltsame Dinge. Gruselig und doch auch zum Schmunzeln, was den toten Bewohnern so alles einfällt um die lebenden Bewohner zu necken.

Bei der Gelegenheit fällt mich noch ein, dass es in meinem früheren Zuhause in Stammham, wo ich mit meiner damaligen Frau gelebt habe, auch gespukt hat. Meine damalige Frau hat versucht, dieses Wesen "auszuräuchern". Und sie sagte zu mir "Es hat mich geschubst, als ich räuchern wollte!" Dann fuhr sie auf ein Seminar nach Österreich und war ein paar Tage weg. In dieser Zeit war das Spukwesen mit mir und unseren Kindern alleine im Haus und als es mir eines abends dann doch etwas zu gruselig wurde, habe ich mich entschlossen, ebenfalls zu räuchern. Da ich wusste, dass dieses Wesen einen schubst, setzte ich ganz vorsichtig einen Fuß vor den anderen. Ich muss zugeben, ich habe meiner damaligen Frau das mit dem Schubsen ja sowieso nicht geglaubt und schwupps - hat mich (obwohl ich mich nur sehr langsam überhaupt bewegt habe) doch tatsächlich etwas geschubst und das Räuchergefäß flog in hohem Bogen aus meinen Händen.

Heute weiß ich, dass Räuchern nicht unbedingt hilft. Stellen Sie sich vor, Sie sind ein Spukwesen, genau wie ein Lebender nur eben ohne Körper. Und da kommt jetzt so ein Schlaumeier und meint, er könnte Sie mit ein bisserl Rauch aus dem Haus vertreiben. Und was? Da lachen Sie natürlich drüber.

Jetzt ist nur die Frage: Wie funktioniert das mit dem Schubsen?

Stellen Sie sich vor, Sie selbst sterben. Der Astralkörper, oder nennen wir es mal der Geistkörper löst sich von Ihrem physischen Körper. Sie fühlen diese Trennung sehr real und stellen fest - Sie haben Ihren Körper verlassen. Sie sind soeben verstorben. Sie stellen fest, dass Sie die Umgebung dennoch sehr real weiter wahrnehmen. Allerdings sind Sie für alle Anwesenden unsichtbar. Sie können nichts greifen, sie langen einfach durch alles durch. Niemand sieht Sie, niemand hört Sie - und dabei sind Sie aber immer noch der selbe Mensch.

Wenn alles normal läuft, dann sehen Sie einen Tunnel, der ins Licht führt. Die Pforte ins Licht! Ja, die gibt es wirklich.

Wenn Sie Glück haben und Ihren eigenen Tod akzeptieren können, dann sind Sie normalerweise auch bereit, diesen Lichttunnel zu betreten, um auf die andere Seite zu gelangen. Vielleicht kommt ja auch schon ein Engel oder ein verwandter Verstorbener um Sie abzuholen und zu begleiten. Im Allgemeinen berichten Menschen, die eine Nahtoderfahrung gemacht haben, dass Sie eine bedingungslose Liebe gespürt haben.

Stellen Sie sich das mal einen Moment lang vor: Sie sind ein Islamist und haben gerade 20 Menschen umgebracht, sind dabei selbst verstorben und empfinden nun eine bedingungslose Liebe - Sie sind Zuhause, geborgen, geliebt. Ja - schön wär's. Es gibt aber auch das Gegenteil: Sie erleben die Hölle nach Ihrem Tod. Dann wird es erst mal nichts mit den 72 Jungfrauen. Nicht alles, was einem die religiösen Ver-Führer noch zu Lebzeiten versprechen, kommt auch so schön daher.

Mein Bruder hat vor Jahren einen Selbstmordversuch unternommen und lag danach einige Zeit im Koma. Ich habe damals meine Kenntnisse als Heiler genutzt, um ihm zu helfen, zu überleben. Da habe ich niemand um Erlaubnis gefragt, aber ich wollte ihn nicht so verlieren. Im Nachhinein frage ich mich manchmal, ob das nicht auch bedeutet, dass man damit ein Stück weit auch Verantwortung übernimmt, wenn man darum bittet, einen geliebten Menschen noch behalten zu dürfen. Nun - mein Bruder erzählt ja wirklich nicht viel über seine Erlebnisse, aber er hat einmal etwas angedeutet, dass er wie ein Gefangener in dieser Zwischenwelt war und von irgendwelchen Wesen gequält wurde. Wie gesagt, er spricht nicht gerne darüber und je mehr Jahre vergangen sind, desto weniger rückt er damit heraus, was er dort erlebt hat.

In dem Buch "Geisterjäger" habe ich vor einigen Jahren ja bereits einige Geschichten geteilt, die ich bei meiner Tätigkeit als "Heiler für die Toten" erleben durfte. Allerdings war die Vorgabe damals, dass das Büchlein keine 5 Euro kosten sollte - und damit war die Seitenzahl natürlich sehr begrenzt. Dafür habe ich mir prompt eine Rezension eingefangen, die das widergespiegelt hat. Völlig zu Recht würde ich sagen. Das ist auch einer der Gründe, warum ich mich entschlossen habe nun endlich ein weiteres Buch zum Thema zu schreiben. Nun kann ich etwas ausführlicher beschreiben, wie das alles zusammenhängt und dem Leser ein deutlicheres Bild vermitteln. Hoffentlich werde ich nicht als völlig verrückt abgestempelt, wenn meine Worte gelesen werden. Andererseits - mir ist es inzwischen ja auch schon ziemlich egal, was die Leute über mich denken. Ich bin ein friedlicher Mensch, ein fröhlicher, freundlicher Zeitgenosse.

Ich unterstütze junge Nachwuchsautoren aus purer Freude - wenn sie ein spirituelles Buch geschrieben haben, das eine positive Botschaft beinhaltet.

Und ich mache sowieso, was ich will. Genau. Und im Folgenden zeige ich den Lesern, die sich dafür interessieren, auch ein paar Möglichkeiten, selbst mit Verstorbenen und Spukwesen Kontakt aufzunehmen. Das dürfte möglicherweise spannend und interessant werden.

Eine Geschichte fällt mir noch ein, die war auch unglaublich. Ich war beruflich auf einer Schulungsveranstaltung in Walldorf.

Der Dozent hatte Schwierigkeiten mit der Technik. "Gestern hat doch noch alles funktioniert." hat er gesagt. Heute ging gar nichts mehr. Die Präsentation wollte nicht sichtbar werden, der Projektor an der Decke weigerte sich hartnäckig, die Informationen an die Wand zu strahlen. Und plötzlich - PENG - hat es die Lampe des Projektors zerrissen.

Der Dozent war nun noch mehr angespannt bemüht seine frühmorgendlichen Probleme mit der Technik in den Griff zu bekommen. Er rief den Hausmeister an, damit er die Birne im Projektor austauschen würde und er entschuldigte sich immer wieder für die Verzögerung und den Zeitverlust.

Es dauerte nur ein paar Minuten, da standen dann mindestens fünf Feuerwehrleute in der Türe - in voller Montur! Und draußen war ein Großaufgebot an Feuerwehrautos aufgefahren. Hatte diese gemeine Lampe doch tatsächlich einen stillen Feueralarm ausgelöst und das alles ins Rollen gebracht.

Wow - das war eine Aufregung damals. Nun, wenn Sie meinen, dass das ein Spuk war, dann haben Sie sich getäuscht. Das war das Werk eines Kobolds.

Solche Geschehnisse sind absolut typisch für einen Kobold. Die lachen sich kaputt über solchen Schabernack.

Und ob Sie es mir glauben oder nicht, ich durfte auch ein junges Mädchen kennen lernen, das seit ihrer frühesten Kindheit Kobolde sehen kann und sich mit denen auch unterhält. Ich hoffe ja so sehr, dass sie mal eines Tages ein Buch darüber schreibt.

Zum einen, weil ich ja selbst so ein neugieriger Mensch bin und mehr über diese Dinge erfahren möchte und zum anderen, weil ich es so absolut fantastisch finde, wenn Menschen eine besondere Gabe mitbekommen, die dabei hilft, dass alle anderen Menschen auch ein bisschen mehr über das Leben erfahren, wenn die Erfahrungen solcher Menschen geteilt werden.

In dem Zusammenhang fällt mir wieder ein, wie das mit den Spukerscheinungen bei mir angefangen hat.

Es war die Mutter des Mädchens, das die Kobolde sehen kann. Die Mutter selbst hat ebenfalls eine Gabe - Sie sieht die Energiefelder der Menschen. Sie hat als Kind schon schwarze Felder gesehen bei Menschen, die kurz darauf an schlimmen Krankheiten verstorben sind. Damals konnte ihr niemand erklären, was Sie da hat. Und sie hat sich so schwer getan, ihre Gabe anzunehmen. Sie hat es jahrelang verdrängt. Und es ist ja auch leicht vorstellbar. Du siehst etwas, was die anderen nicht sehen. Du sieht etwas Schwarzes und ein anderer Mensch stirbt dann. Du kannst diese Gabe nicht mit etwas Positivem verbinden, weil sie Dir nur das Leid schon vorhergesagt hat.

Erst im Umgang mit anderen Menschen, die einen spirituellen Zugang haben und mit solchen Gaben und Talenten Erfahrungen haben und eben nicht ein kleines Mädchen für verrückt erklären - erst im Umgang mit solchen Menschen hat man eine Chance zu verstehen und zu lernen, dass man eine solche Gabe als ein ganz besonderes Geschenk betrachten darf und dass es sich lohnt, zu lernen, sie für einen guten Zweck einzusetzen.

Die Mutter hat gelernt mit ihrer Gabe zu leben und das ist schön so! Falls Sie auch Menschen kennen oder selbst betroffen sind (und nicht geisteskrank!) dann glauben Sie mir eines: Nehmen Sie Ihre Gabe an und versuchen Sie zu erkennen, was Sie ganz persönlich mit diesem Geschenk machen dürfen - wofür Sie es bekommen haben. Sie sind nicht alleine damit. Es spricht nur kaum jemand über solche Gaben. Die meisten scheuen sich und verstecken sich.

Ich selbst bin ja weit davon entfernt Energiefelder zu sehen - außer Felder am Boden, da sehe ich so was schon, wenn ich mich dafür öffne. Oh ja - Aura habe ich auch sehen dürfen - das war ja auch ein Erlebnis. Sie sehen schon - ich schweife wieder ab. Das ist die pure Begeisterung und Freude beim Schreiben.

Hurra. Der Geist ist endlich aus der Flasche. Einmal befreit kann ich über alles reden. Mir ist es ja so was von egal ob mich alle für verrückt halten. Ich bin verrückt, wir alle sind verrückt. Das ist ganz normal.

Ja, das mit der Aura. Wir waren mal unterwegs - also ein paar Heilerinnen hatten mich damals mitgenommen zum "Freundeskreis des Bruno Gröning". Und der junge Mann, der den Vortrag dort gehalten hat, konnte nicht richtig laufen. Er hatte so, sagen wir mal, extreme X-Beine. Durch seine Erfahrungen mit der Energiearbeit nach Bruno Gröning hat er gelernt, sich selbst positive Energie zuzuführen, so dass sein körperliches Gebrechen sich für ihn verbessert hat. Nun, was für mich so interessant war an diesem Abend, war, dass ich den Eindruck hatte, die Aura des jungen Mannes wäre irgendwie Birnenförmig. Unten dick und oben dünner. Eben nicht so schön oval, wie sie sein sollte. Ich habe so in mich rein gehört, ob ich ihn fragen sollte, ob ich das mit meinen energetischen Händen korrigieren sollte (versuchen kann man das ja immer mal), aber meine innere Stimme sagte "Nein, lass gut sein. Es ist okay, so wie es ist."

Wir müssen nicht immer alles korrigieren und normieren. Es ist völlig okay, wenn manche Menschen eben auch mit einem persönlichen Gebrechen positive Botschaften vermitteln. Und wenn wir ehrlich zueinander sind, dann hat doch jeder von uns irgend etwas, was nicht so gut passt. Am besten ist es, wenn wir lernen, damit zu leben.

Nun - ich habe dann die Resi gefragt: "Hast Du das auch gesehen? Die Aura?" Und sie hat es ganz genauso gesehen, diese birnenförmige Aura. Und das ist es, was ich meine: Glauben ist gut, immer wieder kontrollieren, was die anderen dazu sagen, daraus lernt man dann, ob man noch auf dem rechten Pfad ist.

Und dann kann man im Laufe der Jahre auch mit den gesammelten Erfahrungen, die stets hinterfragt und skeptisch betrachtet wurden, auch echt was anfangen. Was nutzt es uns denn, wenn wir die Stimmen von irgendwelchen Engeln hören, wenn die nur Blödsinn verzapfen? Eben - gar nichts.

Deswegen sage ich: Ja, es gibt Menschen, die glauben, dass sie Stimmen von Engeln wahrnehmen. Lass sie reden und bewerte dann, ob die Informationen, die dabei rüberkommen einen Wert haben. Falls ja, dann handelt es sich um eine wertvolle Gabe. Und es gibt Menschen, die haben solche wertvollen Gaben, nach meiner Erfahrung.

Zurück zur Mutter des Mädchens, das die Kobolde sehen kann. Diese Mutter, Monika ist ihr Name, hatte ein Spukwesen in ihrem Haus und hat mich gefragt, ob ich wüsste, was man da tun kann. Um ehrlich zu sein wurde das Thema "Geister, Besetzungen und Wesen" immer großräumig bei allen unseren Heiler-Seminaren ausgeklammert. Wir haben nur Gerüchte gehört, dass unser damaliger Lehrer wohl mal mit einem Wesen gekämpft haben soll und es in die Wand gedrückt hat. Aber das sind nur Gerüchte. Niemand hat uns dazu jemals etwas beigebracht. Und da kommt bei mir der Widder zum Vorschein, der Pionier, der sich freut, unbetretenes Land als Erster zu erforschen.

Aus heutiger Sicht sage ich in voller Überzeugung: Geister in die Wand zu drücken ist wohl lustig aber sicher nicht so besonders effektiv. Du drehst Dich um, sie kommen zurück und lachen Dich aus. Vergesst es. Es gibt bessere Wege.

In einem alten Buch habe ich mal etwas zum Umgang mit Dämonen gelesen. So haben die alten Magier mit speziellen Zeremonien Dämonen angerufen und sie sich dann zum Untertanen gemacht, damit Sie ihnen wie ein Sklave zu Diensten waren.

Das Problem dabei war allerdings, so konnte ich es lesen, dass die Magier stets darauf achten mussten, dass ein solcher Dämon nicht plötzlich die Oberhand gewinnt und den Magier dann für sein Tun bestraft. Wow - wenn es damals wirklich so war, alle Achtung.

Ich würde es mal so formulieren: Ich denke schon, dass man mit einem Dämon zusammenarbeiten kann. Aber das "in etwas hineinzwingen" und dann höllisch aufpassen müssen, glauben Sie mir, das ist der falsche Weg. Stellen Sie sich vor, Sie können wirklich mit einem Dämon kommunizieren und Sie erkennen, dass er eigentlich ganz okay ist. Könnten Sie sich dann nicht auch eine Art der Zusammenarbeit vorstellen, bei der man sich gegenseitig unterstützt? Würde das nicht viel mehr Sinn machen? Es geht eben schon lange nicht mehr darum, Macht auszuüben über andere, Menschen oder Dämonen. Es geht doch darum, dass wir alle lernen positiv und gut miteinander zu leben. Uns gegenseitig zu helfen anstatt uns zu bekämpfen. Das entspricht doch dem Schöpfungsgedanken viel viel mehr.

Nun - Monika und ich, wir haben uns in ihrem Haus getroffen. Sie erzählte, dass dieses Spukwesen sich hauptsächlich als kalter Hauch bemerkbar macht, meist im Kellerabgang. Sogar ihr Mann, der ja eigentlich eher wenig mit solchen Sachen anfangen kann, man würde sagen, ein Typ, der einfach gut geerdet ist, sogar er hat diesen kalten Hauch schon wahrgenommen. Das sei so unangenehm und irgendwie wollten sie es eben jetzt loswerden, wenn das möglich wäre.

Ich bin ein Mensch, der immer sehr aufgeschlossen für neues ist und wir haben in unserer Ausbildung zum spirituellen Heiler mal diskutiert, und die Idee war: "Ja da machst Du eine Lichtsäule und dann soll das Wesen da rein."

Nun, das ist ja schön und recht, wenn man so ein Wesen loswerden will, das reicht aber einem so neugierigen Menschen wie mir nicht aus. Eben.

Also, hier unser praktisches Vorgehen im Haus von Monika, der Mutter von dem Mädchen, das wirklich, und ich glaube es absolut, Kobolde sehen kann und mit denen spricht!

Monika und ich, wir setzten uns im Wohnzimmer auf die Couch. Wir entspannten uns, wie bei einer Meditation und ich führte Sie mit meinen Worten auch an das nun Folgende heran. Zunächst war es wichtig, dass jeder von uns beiden sich einen geistigen Schutz anlegt. Das ist eigentlich Standard. Das gehört dazu und hat den einfachen Sinn, dass man nicht selber in irgendeiner Form da in etwas hineingezogen wird, was man nicht braucht und nicht will. Wir stellen uns also im Geiste eine Lichtkugel vor, die unseren Körper umgibt. Wir sitzen in dieser hellen Lichtkugel und die Lichtkugel schützt uns vor allen Einflüssen, die wir nicht brauchen und nicht haben wollen. Es ist vieles einfach Definitionssache, wenn es um geistiges Arbeiten geht. Du stellst Dir vor "So ist es" und dann ist es so. Mehr oder weniger kann man das so sagen. Du stellst Dir eine helle Lichtkugel vor, die Farbe ist ziemlich egal, die kann weiß sein, das ist eine universelle Farbe, die kann grün sein, das ist eine effektive Heilfarbe, oder auch violett, eine hohe spirituelle Farbe. Nur wichtig ist eben, dass man sich diesen geistigen Schutz vorstellt.

Als nächstes kommt dann die Kontaktaufnahme. Und hier scheidet sich dann meist die Spreu vom Weizen. Wie Du in den Wald hinein schreist, so kommt es auch heraus. Klar hat das seltsame Wesen den Bewohnern des Hauses den ein oder anderen Schauer über den Rücken gejagt. Dennoch fragt sich doch, ob da eine böse Absicht dahinter steckte? Und in solchen Fällen bin ich immer sehr offen für die Informationen, die zu mir fließen. Ich habe also im Geiste darum gebeten, dass das Wesen, das hier im Haus spukt, bitte erscheinen möge. Und das ist nun wie bei einem ganz normalen Gespräch, so wie mit einem lebenden Menschen.

Du sagst „Hallo“ und bittest um einen Kontakt. Normalerweise sind solche Wesen, die ja oft schon Jahre oder gar Jahrhunderte herumspuken selbst auch neugierig. Es kommt ja so gut wie nie vor, dass da jemand kommt und Kontakt aufnimmt. Oder mal ganz ehrlich - da wären Sie selbst doch auch erst mal überrascht und neugierig, oder?

Das Wesen erschien, für mich nur im Geiste wahrzunehmen, da ich mit meinen Augen selbst noch nie einen echten Geist gesehen habe. Ja Mensch, das ist halt so. Ich bin dankbar für die wenigen Fähigkeiten die ich inzwischen geschenkt bekommen habe, bin immer interessiert neue Erkenntnisse und Informationen zu sammeln und finde es wirklich außerordentlich interessant, wenn ich Menschen kennen lerne, die spirituelle Gaben mitbekommen haben, von denen ich nur träumen kann. Das sind so wertvolle Menschen, das kann man gar nicht oft genug betonen. Und ich bin so dankbar, für jeden, den ich bisher kennen lernen durfte.

Es sind Hexen, Heiler(innen), Menschen, die mit Engeln kommunizieren, Channel-Medien, hellsichtige Menschen oder einfach nur spirituelle Handwerker. Jeder ist auf seinem Platz genau richtig. Ich vergleiche das gerne mit einem Baum. Es ist doch egal, ob Du eine Wurzel bist, tief in der Erde, der Stamm, ein Ast, ein Blatt oder eine Blüte. Erst die Summe der Einzelteile macht den Baum zu dem, was er ist. Deswegen, sei froh, dass Du Teil eines Baumes bist und freue Dich an deinem Anteil. Das Universum braucht Dich genau da, wo Du bist!

Also, wir sitzen auf der Couch, das Wesen wurde herbei gebeten und ist jetzt da. Mein Eindruck war (und das ist wieder nur in meinem Kopf, und damit ist es absolut möglich, dass ich mir das nur zusammen fantasiere, es gibt keinen Beweis, dass meine Eindrücke auch nur irgend eine Qualität in Bezug auf deren Richtigkeit haben! Ich bin ein Skeptiker und bleibe das auch!)

Mein Eindruck war, dass das kein richtiger Mensch ist (oder besser gesagt „war“), sondern eher so eine Art "Fetzen-Wesen" mit vielen Anteilen. Nun, um das Haus sauber zu bekommen brauchen wir jetzt also eine "Lichtsäule". Da soll das Wesen rein. Ich stellte mir eine Lichtsäule im Raum vor und sah mit meinen inneren Sensoren, dass sofort die ersten Fetzen mit einer rasenden Geschwindigkeit in der Lichtsäule verschwanden. Das hat mich ehrlich gesagt dann doch überrascht. Und gedanklich rief ich noch schnell ein "Oh, bitte, bitte" aus, "Darf ich noch ein paar Fragen stellen?" Das Wesen verharrte im Raum. Und nun kommt wieder etwas Wichtiges. Wenn wir einem solchen Wesen, ganz egal, was es ist, mit einer offenen und liebevollen Haltung begegnen, dann haben wir die besten Aussichten darauf, dass das Wesen auch eine gewisse Bereitschaft zeigt, mit uns zu kommunizieren. Stellen Sie sich einen Hund vor, der einen Stachel im Fuß hat. Sie helfen dem Hund und befreien ihn von seinem Stachel. Ist es da nicht sehr wahrscheinlich, dass der Hund Ihnen dankbar dafür ist? Und genauso ist es mit solchen Wesen. Am Anfang unserer Erfahrungen mit Spukwesen haben wir noch sehr wenig Ahnung, womit wir es zu tun haben und ich bin mir absolut sicher, dass es auch recht zornige und wütende Wesen gibt. Doch letztlich ist ja für uns alle das "Licht" unser Zuhause, wo wir in einer unendlichen Liebe aufgenommen und geborgen sind. Und so ist es doch auch für jede verirrte Seele irgendwie eine Hilfe oder sogar eine Erlösung, endlich den Weg ins Licht zu finden.

Ich befragte nun das Wesen in Gedanken, wo es herkommt, was es für ein Wesen ist, na ja, und was halt sonst noch alles interessant war. Ich hatte das Gefühl, dass das Wesen echt schnell weiter wollte ins Licht, so als ob jemand dringend auf die Toilette muss und aufgehalten wird. Schon mein Respekt vor solchen Wesen gebietet es dann, einen solchen Kontakt möglichst kurz zu halten.

Mein Eindruck war, dass sich dieses Fetzen-Wesen im Laufe der Jahrhunderte aus vielen kleinen Teilen zusammengefunden hat. Es war also kein reiner "Verstorbener Geist". Es war eine Mischung aus allen möglichen Bestandteilen, eben schwer definierbar, natürlich auch mit menschlichen Anteilen.

Ich bedankte mich für die Antworten und sah innerlich, wie das Wesen in die Lichtsäule verschwand. Nun konnte ich visualisieren, dass die Lichtsäule sich wieder auflöste. Man lässt ja nicht überall seine spirituellen Sachen rumstehen oder rumliegen. Auch da sollte ein bisserl Ordnung auf der Baustelle herrschen. Nochmal ruhig und tief durchatmen und dann die Augen öffnen und über das Wahrgenommene reden.

Es war so interessant, das ist kaum zu beschreiben. Der erste Kontakt mit einem Spukwesen. Ja, an diesem Abend habe ich einiges dazu gelernt. Wichtig ist ganz einfach, dass man sich traut auch mal neue Wege zu beschreiten, Dinge zu tun, von denen man noch nie gehört hat, dass das schon mal ein anderer getan hat. Na ja – ich bin mir sicher, dass ich nicht der Erste bin, der so was gemacht hat und es werden mir hoffentlich noch viele Menschen auf ähnlichen Wegen begegnen.

Doch der erste Schritt auf diesem ganz speziellen Weg war für mich getan. Und viele weitere Schritte sollten folgen.

Würden Sie eine solche Tätigkeit jetzt als "Geisterjäger" bezeichnen? Nun, es kommt eben immer auch darauf an, wie Sie sich einen Jäger vorstellen. Es gibt ja Jäger, die gehen auch ohne Gewehr auf die Jagd. Ganz einfach, weil sie gerne im Wald sind und die Tiere beobachten. Wenn sie gefragt werden, sagen die ja auch nicht "Ich bin ein Waldschrat, der Tiere anglotzt." Die sagen einfach "Ich bin ein Jäger". Und letztlich, wenn ich mit meiner Tätigkeit ein Spukhaus, das die Bewohner zum Wahnsinn treibt, vom Spuk befreien kann, na, ich würde sagen, dann darf man das schon als "Geisterjäger" bezeichnen.

Und so wie ein Jäger nicht einfach alles umschießt, was er sieht, so kämpfe ich ja auch nicht gegen alle Geister, sondern versuche, dafür zu sorgen, dass der Wald der Geistwesen seine innere Harmonie bekommt. Es ist eben mehr als nur "Bumm, die Büchse knallt".

Im Laufe der Jahre konnte ich so viele so schöne Erfahrungen mit Spukwesen sammeln. Für mich ist es ein absolut faszinierendes Betätigungsfeld und wenn ich ehrlich bin, am nächsten kommt die US-Serie Ghost Whisperer dem, was bei dieser Tätigkeit passiert. Nur wie gesagt, so richtig sehen oder hören tue ich die Verstorbenen nicht. Bei mir sind es mehr innere Sensoren, die mir Empfindungen und Eindrücke vermitteln, Gefühle und Antworten, die dann ganz einfach da sind. Und genau deshalb ist es für mich ja auch immer ganz besonders wichtig, hinterher festzustellen, ob sich tatsächlich etwas verändert hat.

Wenn mein Eindruck ist, dass das Spukwesen weg ist, dann ist das schön für mich, hat aber noch keine Aussagekraft. Erst wenn die Bewohner eines Spukhauses mir sagen: "Ich glaub's ja nicht - es is a Ruh!", erst dann nehme ich das als mögliche Bestätigung für meine Eindrücke.

Und aus den gesammelten Eindrücken und Bestätigungen ergibt sich irgendwann ein Bild.

So kann aus Glauben und innerer Vorstellung allmählich Vertrauen entstehen. Und Vertrauen ist so wichtig, wenn wir auf der geistigen Ebene arbeiten. Allerdings, kein blindes Vertrauen, sondern ein echtes Vertrauen, dort, wo Vertrauen notwendig ist und stets begleitet von einer gesunden Skepsis, dort, wo wir selbst der Versuchung einer Selbsttäuschung unterliegen könnten.

Der Griff aus dem Jenseits

Bei meiner Tätigkeit als energetischer Lichtarbeiter, oder Heiler, kam eines Tages ein älteres Ehepaar zu mir. Die Frau, gute 70 Jahre alt, hatte Krebs und ihr Mann hat sie zu mir begleitet. Fragen Sie mich bitte nicht, woher die damals wussten, dass ich als spiritueller Heiler praktizierte. Das hat sich so von Mensch zu Mensch herumgesprochen. Damals habe ich ja auch noch Seminare gegeben zum Thema Heilen und Channeln und all so was. Das hat mir immer große Freude gemacht, dieses spirituelle, geistige Arbeiten, aber das Leben entwickelt sich ja immer weiter und man darf ja nicht stehen bleiben, sonst fällt man zurück.

Nun, wie gesagt, damals praktizierte ich noch und habe über Gespräche versucht, herauszufinden, wo das Problem meiner Klienten liegt, habe dann Messungen der Meridiane (das sind die Linien im Körper, wo die Chinesen ihre Akupunktur-Nadeln einsetzen) und der Chakren (die großen Energiezentren in der menschlichen Aura, dem feinstofflichen Körper, der unser Leben erst als solches ermöglicht) durchgeführt. Anschließend habe ich damals meine Klienten mit "heilenden Händen" und "heilenden Gedanken" behandelt.

Ja, und da kam eben eines Tages dieses ältere Ehepaar. Wie üblich stellte ich zu Beginn einige Fragen, um festzustellen, wo das Problem, also die Ursache, für diesen Krebs liegen könnte.

Eines wäre noch wichtig, anzumerken: Ich möchte mich selbst schon seit Jahren nicht mehr als "Heiler" bezeichnen. Aus dem einfachen Grund, weil ich keinen einzigen Menschen jemals heilen konnte. Ich habe zahlreiche Menschen behandelt, deren Probleme dann meist schon nach der ersten Sitzung verschwunden waren und verschwunden blieben. Ja - es haben Heilungen "auf wundersame Weise" stattgefunden. Und doch war es nicht mein Verdienst.

Es ist so, als wenn Sie die Zeitung austragen. Sie bringen den Menschen Informationen nahe - energetische Muster, Heilfarben, Schwingungen, positive, liebevolle, heilende Gedanken, neue Denkmuster und vieles mehr. Oh ja, und es gibt auch noch den Bereich, wo Sie mit einem Geistigen Helfer Dinge im Energiekörper eines Menschen korrigieren können, die dann ebenfalls eine Heilung herbeiführen können. Fantastische Sachen passieren da und es ist, wie einmal ein großer Lehrer von mir sagte, ein "Geschenk, in das Mysterium der Krankheit einzutauchen". Und doch - es waren immer nur die Patienten selbst, deren Bereitschaft und deren Offenheit, die eine Heilung über die Seele erst möglich gemacht haben. Ich war nur der Wegweiser, der Türsteher und meist damit beschäftigt, einfach nur die Türe aufzumachen und dann aus dem Weg zu gehen, damit ich den Durchgang nicht unnötig versperrte. Deswegen möchte ich es noch einmal in aller Bescheidenheit hier anmerken: Ich hatte etwas gelernt, das ich zur Hilfe der Menschen anwenden durfte. Doch das Wunder der "Heilung" haben die Patienten selbst vollbracht. Ich habe da nur unterstützt. Und ich hatte auch Klienten, da hat gar nichts geholfen. Das hat mir immer am deutlichsten gezeigt, dass Du nicht helfen kannst, wenn die Seele des anderen die Hilfe nicht annehmen möchte. So viel zum Thema "Das ist aber ein großer Heiler!" Ich bewundere viel mehr die Menschen, die die Heilung zugelassen haben! Das sind die wahren Heiler.

Gut, aber nun doch wieder zurück, ich schweife immer ab, verzeihen Sie mir, hab mich an den neuen Schreibstil noch nicht so ganz gewöhnt, aber vielleicht passt das ja so.

Die ältere Frau beantwortete also meine Fragen und im Gespräch war es auch immer wieder so, dass ihr Mann, dessen Stimme viel kräftiger und lauter war als die seiner Frau, immer wieder auch seine Kommentare dazwischen geschoben hat.

Mein Eindruck: Die Frau ist so schwach und muss sich jeden Tag gegen ihren starken Ehemann behaupten. Sie hat keine Kraft mehr. Es ist ja auch so, dass jeder Mensch ein anderes Temperament hat. Und stellen Sie sich kurz vor, Sie sind ein ausgelassener und fröhlicher Mensch - da sehen Sie vielleicht nicht sofort, wenn jemand neben ihnen traurig ist. Dazu gehört ein wenig Stille, Aufmerksamkeit und Sensibilität. Das sind Eigenschaften, die bei jedem Menschen unterschiedlich stark ausgeprägt sind. Und ich meine das völlig ohne Wertung. Ein Krieger kämpft, der passt nicht auf das Gras unter seinen Füßen auf, oder? Und der Schmetterlingsfänger sieht die Pfütze nicht, in die er tappt.

So hat doch jeder seine Stärken und Schwächen. Wir dürfen niemanden dafür verurteilen. Wir können nur versuchen, zu verstehen und dort, wo es uns erlaubt ist, einen kleinen Beitrag leisten, um die Welt ein kleines Stück weit besser zu machen. Und wenn es uns gelingt, dann meist nur, weil wir dabei Unterstützung erhalten haben. Wann hat ein Mensch alleine schon mal etwas wirklich Gutes bewirkt? Vielleicht fällt Ihnen ja dazu was ein. Ich sehe es immer sehr gerne als Gemeinschaftsaufgabe. Wie blühen doch erst im Miteinander als Menschen so richtig auf. Und dort, wo Konflikte entstehen, stirbt die Liebe und wird die Krankheit geboren.

Ohne Wertung und ohne den Versuch irgendeine Schuld zuzuweisen. Wir alle machen unsere Erfahrungen, machen Fehler und merken es oft erst sehr viel später, wie blöd wir doch oft waren. Das gehört zum Leben einfach mit dazu.

Nun, diese alte Frau sagte bei einem der Besuche einmal, als ihr Mann auch wieder einen Kommentar abgegeben hatte "Des derpack ich ned". Meine inneren Sensoren schlugen Alarm. Genau das sind diese Sätze, die so viel verraten. "Des derpack ich ned." - Genau hier war die Ursache für den Krebs, so schien es mir.

Es war nun auch so, dass ich die Frau, die öfter zu mir kam, auch energetisch behandeln durfte. Es stellten sich kurz Verbesserungen ihres Zustandes ein, dann kam wieder ein Krankenhausaufenthalt und jedes Mal, wenn sie aus dem Krankenhaus zurückkam, war sie schwächer und schlechter beieinander als zuvor.

Der Mann hatte große Einsicht für die Zusammenhänge und hat auch sein Möglichstes dazu beigetragen, um seine Frau zu unterstützen und ihr zu helfen. Dennoch konnte man erkennen, dass doch irgendwie die Zeit der Frau für dieses Leben zu Ende ging.

Vielleicht blieb es mir hier nur, die Familie, Mutter, Vater und Sohn emotional und auf der "Verständnisebene" wieder näher zueinander zu bringen und sie in den letzten Wochen der Mutter zu begleiten. Eine körperliche Heilung der Mutter war mir jedenfalls nicht möglich.

Dennoch war das ganze für mich auch ein Geschenk, dass ich in dieser schwierigen Phase die Familie ein Stück weit begleiten durfte.

Ich erinnere mich noch sehr gut, als die Frau schon so schwach war, dass sie nicht mehr aus dem Bett kam. Ich war bei der Familie zuhause, war dabei als die Dame vom Pflegedienst kam und habe auch zum ersten Mal in meinem Leben so ein Bett mit Luftkissen gesehen, in dem die alte, sterbende Frau lag. Das Bett hatte zwei Schläuche über die die Luftkissen versorgt wurden, die dafür sorgten, dass die Frau sich im Bett nicht wundliegt. Man hat mir das so erklärt, dass der Mensch sich im Bett immer wieder dreht und bewegt und damit werden solche Wundstellen auf natürliche Weise verhindert. Ist ein Mensch aber schon zu schwach, um sich zu bewegen, dann liegt sich der Körper wund.

Das wusste ich bis dahin nicht - man lernt eben nie aus.

Ich war so etwa zwei-, dreimal bei der Familie zuhause, wir haben auch viel über das Thema Sterben gesprochen in dieser Phase, weil der Vater und der Sohn ja selbst auch gemerkt haben, dass das Thema nicht mehr wegzudiskutieren war.

Was nun das absolut Erstaunliche für mich war ist, dass ich bei einem meiner Besuche erfahren habe: "Gestern Nacht haben sich am Bett beide Schläuche gelöst! Unsere Mama hat sich die ganze Nacht wundgelegen! Wir wissen nicht, wie so was passieren kann!"

Das sind dann so Momente, wo Du als Lichtarbeiter, Geistheiler, energetischer Heiler, Medium oder was auch immer, hellhörig wirst. Die Schläuche haben sich gelöst. Das braucht mehr Kraft als eine Fliege mit draufsetzen ausüben könnte. Wer macht so was?

Ich entspannte mich im Raum und fuhr meine inneren Sensoren hoch. Und da waren Sie. Zwei ältere Damen, die mir vor meinem geistigen Auge erschienen sind und schon ganz ungeduldig darauf gewartet haben, dass die Mutter doch jetzt endlich mit ihnen kommt. Die konnten den Tod der älteren Frau also nicht erwarten und haben als Geister, das muss man sich mal vorstellen!!, in der Nacht es irgendwie geschafft, die Schläuche raus zu ziehen, in der Hoffnung, die Mutter würde sich dann eher dem Tod hingeben. Ich fand das etwas grausam, habe dem Vater und dem Sohn allerdings nichts von meinen Eindrücken erzählt. Ich finde es gehört sich nicht, wenn der Tod ohnehin schon so präsent ist, dass man dann noch irgend so was sagt wie "Ja, das waren die toten Schwestern, die haben die Schläuche raus gezogen. Die wollen Eure liebe Mutter lieber heute als morgen mitnehmen."

Ich habe geschwiegen, weil keines meiner Worte die Situation verbessern konnte. Der Vater und der Sohn, beide wussten doch eh, dass es sich nur noch um Tage handeln würde.

Allerdings, was ich getan habe, war, den beiden ungeduldigen Damen klar zu verstehen zu geben, auf gedanklichem Weg, "dass ich das unmöglich finde, eine arme kranke Frau, die ans Bett gefesselt ist, so unnötig zu quälen! Sie mögen doch bitte so viel Anstand haben und warten, bis die Mutter von selbst bereit ist, mit ihnen zu kommen. Also bitte!"

Die Mutter ist dann innerhalb weniger Tage verstorben. Manchmal kann man Menschen nur ein Stück weit begleiten auf den letzten Etappen, wenn es ums Abschied nehmen geht. Und dann ist das auch gut so.

Es ist nicht immer die Heilung eines Kranken, die angestrebt werden muss. Oft ist es die Harmonie zwischen den Menschen, das Verständnis untereinander, die Verbesserung des zwischenmenschlichen Umganges und ein wenig Aufklärung für ein besseres Verständnis der großen Zusammenhänge, was hilft.

Und was Sie vielleicht an diesem Beispiel auch gesehen haben: ich behandle die Toten nicht anders als die Lebenden. Wenn sie sich daneben benehmen und Ärger machen, der echt nicht sein muss, dann schimpfe ich da schon mal.

Es kann gut sein, dass Sie mich jetzt wieder für komplett verrückt halten. Ich sage Ihnen ganz deutlich, ja, auf meine Art bin ich sicher ein wenig verrückt. Aber das sind meiner Meinung nach alle Menschen. Wie hat Osho schon so schön gesagt: "Hab bitte keine Angst verrückt zu werden - aus dem einfachen Grund: Weil Du es schon bist!"

Ich nutze diesen Witz gerne so: "Oh, ich habe keine Angst fett zu werden, aus dem einfachen Grund: Weil ich es schon bin."

Ich finde, Lachen ist soooo wichtig im Leben. Was habe ich bisher immer für ernsthafte Bücher geschrieben. Aber das hier über den Tod ist doch irgendwie anders. Wie finden Sie`s denn? Unmöglich? Oder gut?

Jedenfalls kann ich sagen, dass ich richtig Spaß dabei habe, einfach die Worte so raus sprudeln zu lassen und mit meinen Fingern so schnell als möglich aufzufangen. Tippfehler korrigiere ich dann später. Die Art so zu schreiben, das hatte ich ja schon erwähnt, hab ich erst nach der Lektüre des Buches "Bienengflüster ohne e" von Anke Rittscher in mir wieder gefunden. Mein erstes Buch, das war ähnlich emotional geschrieben. Ach Gott, ist das schon lange her. Dann kam die schlimme Zeit meiner Ehe, als mir lauter Knüppel zwischen die Beine geworfen wurden. Es war ein Kampf damals, doch das ein oder andere Buch auf den Markt zu bringen, und glauben Sie es mir oder auch nicht: Die Freiheit, die ich nach meiner Scheidung für mich wiederentdeckt habe, fühlt sich so positiv und gut an. Niemand sollte mit dem Drachen verheiratet sein (oder bleiben) wenn er doch ein Schwert in der Schatztruhe hat. Eine Trennung ist immer schmerzhaft und ich habe das Fegefeuer zehn Jahre lang alleine schon für meine Kinder ausgehalten. Es war dennoch eine Illusion. Wir können gar nichts für einen anderen tun, sei es unser Partner oder unsere Kinder oder wer auch immer. Alles, was wir tun, tun wir letztlich immer nur für uns selbst. Alles im "außen" ist doch nur eine Illusion. Alles, was "in uns" abläuft hat einen enormen Grad an Realität, doch wie der andere sich fühlt, können wir nur erahnen. Wir werden es nie wissen. Jeder Mensch sieht die Farben anders. Jeder Mensch fühlt Glück, Schmerz oder Liebe anders. Was wissen wir denn schon, wie es dem anderen geht?

Wir können versuchen, es zu empfinden, aber es wird immer nur so gut funktionieren, wie wir selbst in der Lage sind, es zu spüren. Es beginnt und endet also immer in uns.

Wenn ein Mensch glücklich ist, dann ist er glücklich, nicht weil jemand anders ihn glücklich macht, sondern weil er irgendwo in sich drinnen Glück gefunden hat.

Ein Mensch, der aus sich heraus unglücklich ist, dem kannst Du nicht wirklich helfen. Wir können einander helfen zu verstehen, welche Wege es gibt, um zum inneren Glück zu finden, aber auch hier gilt wie so oft: Wir können nur die Richtung weisen. Jeder Mensch muss die Schritte zu seinem inneren Glück schon selber gehen. Da helfen auch ganz bestimmt keine Pillen oder Tabletten. Pillen und Tabletten betäuben nur. Wie willst Du mit tauben Fingern etwas ertasten? Wie willst Du das Glück (oder auch den Schmerz) kennen lernen, wenn du Dich selber betäubst?

Ich halte ja nicht so besonders viel davon. Es ist ja heute auch so leicht: Wenn es zur Beerdigung eines geliebten Menschen geht, da lässt man sich "wegspritzen", läuft dann wie ein Zombie hinter dem Sarg her und bricht dann vielleicht noch am Grab zusammen. Dann nochmal eine feine Spritze gesetzt und irgendwann sinkt der Schmerz schon irgendwo rein. Und da bleibt er dann und frisst sich durch die Seele bis die ersten Krankheitssymptome auftreten.

Ja, vielleicht schreibe ich hier etwas hart und schonungslos, doch glauben Sie mir - am meisten bin ich vermutlich nach Jahren wieder selber erstaunt, was ich da geschrieben habe und vielleicht wird es eines Tages mir selbst helfen, diese Worte noch einmal im Abstand von ein paar Jahren "zufällig" zu lesen.

Fühlen Sie also bitte mit mir, wenn ich sage: Ich verstehe leider nur allzu oft alleine diese direkten Worte. Würde ich behutsamer schreiben besteht das Risiko, dass die Worte bei mir selbst nicht ankommen. Es beginnt und endet immer in uns selbst. Und falls Sie auch ein Mensch sind, der klare Worte braucht, dann hoffe ich, dass diese Worte den Zugang dorthin finden, wo Sie sie für Ihren eigenen Nutzen verwandeln können - in Verständnis, in liebevolle Zuwendung und auch in Aktionen, die Ihnen helfen, die eigenen Probleme anzupacken und zu lösen.

Denn nicht alles lässt sich mit Gefühlsduselei schönreden oder schönfühlen. Manchmal braucht es auch den Vorschlaghammer um alte Mauern einzureißen und blöde Gedankenmuster zu zertrümmern.

Ja, das war die Geschichte "der Griff aus dem Jenseits". Wenn Geister mal so richtig zupacken und Schläuche raus reißen. So ein Scheiß aber auch, oder?

Sehen Sie es bitte ein bisschen mit Humor. Wenn es um den Tod eines lieben Menschen geht, da sind immer sehr viele Gefühle mit im Spiel, die Trauer kann sehr groß sein und ich möchte an dieser Stelle auch noch ganz aufrichtig betonen, dass ich niemandes Menschen Gefühle mit der Schilderung meiner Erlebnisse verletzen möchte. Falls das geschehen sollte oder sein sollte, bitte ich aufrichtig um Entschuldigung. Ich sehe die Dinge aus einer gewissen Distanz und mit einem Humor, der manchmal auch schon ein bisserl sehr schwarz sein kann. Den hatte ich immer schon. Und es ist ein Teil von mir, der auch irgendwie dazu gehört und der mir hilft, großen Schmerz besser zu verkraften. Ich lache über Dinge, bei denen andere pikiert sind und sich abwenden.

Als ich nach meinem Mortorradunfall im Krankenhaus eingeliefert wurde - und ich schwöre, ich konnte wirklich nichts für den Unfall!! - die haben mich einfach runter gefahren - da habe ich sogar mit zerschmetterten Knochen und angebrochenen Wirbeln gelacht und Witze gemacht. Die haben sich alle so gewundert aber meine Freundin hat mich sehr leicht im Krankenhaus gefunden, weil sie gehört hat, wo das Lachen herkommt. Ich bin ja froh, dass ich so ein frohes Gemüt habe. Das ist auch erst seit meiner Scheidung wieder so richtig gut geworden.

Wissen Sie, ich schweife wieder ab, aber ich glaube, dass das sehr informativ sein kann.

Als ich kurz nach der Trennung vom Drachen in den Spiegel gesehen habe und versucht habe ein "Lachen" zu sehen, ist mir aufgefallen, dass der rechte Mundwinkel einen Schwung nach oben macht und der linke Mundwinkel nach unten hängt.

Uuups. Rechte Seite, berufliche Seite, linke Seite, weibliche Seite. Das hat mich im ersten Moment sehr überrascht. Ich habe das lange Jahre beobachtet und festgestellt, nachdem der seelische Stress mit "Hilfe ich hab die falsche Partnerin und die macht mich fertig!" endlich weg war, hat sich mein Gesicht verändert. Der hängende Mundwinkel kam im Laufe der Jahre wieder nach oben. Erstaunlich. Es gibt ja Bücher darüber, dass man am Gesicht eines Menschen schon sehr vieles ablesen kann. Aus den Erfahrungen mit meinem eigenen Gesicht, die mich sehr erstaunt haben, kann ich sagen, ja, das stimmt. Es ist eine Kunst, diese Verzerrungen und Zeichen zu lesen und zu deuten aber - Ja - ich sage, das stimmt. Es gibt diese Zeichen.

So - werd mal Pause machen. Das Wochenende steht vor der Tür und für heute hab ich genug Spaß gehabt. Falls es bei Euch jetzt auch gerade Wochenende sein sollte: Viel Spaß dabei und ich hoffe, das Kapitel war unterhaltsam und informativ. Dann passt es auch für mich.

Reinkarnation - Das Phänomen Wiedergeburt

Es gibt Menschen, die glauben an das Phänomen Wiedergeburt, andere sind überzeugt davon und wieder andere lehnen eine solche Theorie der Seelenwanderung entschieden ab. Bilden Sie sich bitte wie immer Ihr eigenes Urteil. Es kann Ihr Glaubenssystem und Ihre eigene Einstellung zum Leben und auch zum Sterben enorm und nachhaltig beeinflussen. So wie die einen Menschen überzeugt davon sind, dass es ein Weiterleben nach dem Tode gibt und andere so etwas wie eine Seele komplett ablehnen, soll es für mich in Ordnung sein, all diese widersprüchlichen Meinungen nebeneinander als gleichberechtigt stehen zu lassen. Alleine für mich selbst habe ich eine Überzeugung gefunden, die im Laufe meines Lebens unzählige Male durch Erlebnisse und Erfahrungen bestätigt wurde, die mich persönlich - und hier bitte ich Sie, das ebenfalls als meine kleine Wahrheit uneingeschränkt zu akzeptieren, überzeugt hat, dass das Phänomen Wiedergeburt absolut real ist.

Nach meiner kleinen Meinung gilt: Ja, alles auf Erden ist beseelt, egal ob Mensch, Pflanze, Mineral oder was auch immer. Am Anfang war der große Geist und nur der große Geist, Manitu, Allah, Gott, egal, wie Sie es nennen möchten. Da nichts anderes war als dieser Geist, besteht auch alles, was letztlich in der Schöpfung materialisiert wurde aus diesem Geist. Das Göttliche ist überall zu finden, insbesondere auch in unserem menschlichen Geist. Unsere Gedanken schöpfen kollektiv und individuell jeden Tag diese Welt neu. Wir erschaffen, wir formen, wir sind in der Lage, diese Welt, gleichsam als übende Gottheiten, jeden Tag mit zu gestalten und zu formen. Und in uns selbst wohnt ein unsterblicher Bestandteil, den wir gerne als "Seele" bezeichnen können.

Andere Bezeichnungen könnten sein "unsterbliches Bewusstsein", "Astralleib", "feinstofflicher Körper", "Geist", oder wie Sie es auch nennen möchten.

Überzeugt davon, dass ich auch schon einmal oder mehrmals gelebt habe, machte ich mich eines Tages auf den Weg, die "Wahrheit" für mich selbst herauszufinden. Ich suchte einen Heilpraktiker auf, von dem ich wusste, dass er Hypnose-Rückführungen durchführte. Ich schilderte ihm, dass ich gerne wüsste, ob, wann und als was ich in meinem letzten Leben gelebt habe und er willigte ein, mich zu hypnotisieren und mir entsprechende Fragen zu stellen, um dieses unerforschte Kapitel meines Daseins etwas näher zu beleuchten.

Nun ist es leider immer schon so gewesen, dass ich ein stark verstandesbetonter Mensch und ein Skeptiker war. Einem Fremden zu vertrauen, er wüsste schon, was er da mit mir macht, fiel mir damals wie heute relativ schwer. Ich würde die Kontrolle nicht so ohne weiteres abgeben. Und doch war ich so total neugierig und gespannt auf die Ergebnisse. Ich bin ja auch so neugierig, dass mich immer alles rund um solche Themen wie Hypnose interessiert und immer schon interessiert hat.

Mein Onkel hatte ein Hypnose-Buch, das ich als Kind schon zufällig gefunden und dann sofort verschlungen hatte. So konnte ich mir bereits in frühen Jahren ein sehr hilfreiches Grundwissen, leider damals noch ohne praktische Erfahrung, zum Thema Hypnose aneignen.

Meinen Eltern habe ich davon natürlich nichts erzählt. Die hätten mich wohl nicht mehr in den Ferien zu meiner Oma gelassen, wenn sie gewusst hätten, was für tolle Bücher in dem Haus gelagert sind, in dem auch mein Onkel gewohnt hat.

Nun gut - der Hypnotiseur gab sich große Mühe mit mir, hat versucht mich zu hypnotisieren und ich beobachtete voller Interesse, welche Methoden und Techniken er anwendete. Die Kontrolle gab ich aber nicht auf und immer, wenn ich nach etwa 20 Minuten so das Gefühl hatte, oh, wow, jetzt glaube ich, jetzt fängt es an, ich glaube ich spüre die ersten Anzeichen der Hypnose, immer dann, kurz vor dem Ziel, gab der Therapeut auf und versuchte eine andere Methode. Unterm Strich dauerte die Sitzung ganze 4 Stunden, ohne dass er es geschafft hätte, mich wirklich in einen hypnotischen Schlafzustand zu versetzen. Da mir das selbst auch mit der Zeit zu anstrengend wurde, habe ich nach knapp vier Stunden einfach angefangen, ihm irgend etwas zu erzählen. Was mir gerade eingefallen ist. Dass ich als Mönch in einem Kloster gelebt hätte und dort Bücher studiert habe. Ich erzählte ihm meinen Namen und ein paar Namen von den anderen Mönchen - ja - ich hatte sogar visuelle Vorstellungen in meinem Kopf. Ob das reale Bilder waren oder einfach nur das Ergebnis einer stundenlangen Tortur kann ich bis heute nicht genau sagen. Was soll's.

Ich habe den Heilpraktiker für seine Bemühungen ordentlich bezahlt und bin wieder nach Hause gefahren. Mit mehr Fragen als Antworten.

Ich wollte so sehr wissen, wie meine früheren Leben ausgesehen hatten und was ich schon alles Tolles erlebt hatte. Und wieder hatte es nicht funktioniert. Würde ich es jemals mit vertretbarem Aufwand schaffen, Licht ins Dunkel meiner Vorleben zu bekommen?

Oh ja! In Rosenheim lebte damals eine Heilerin, die Meditationsabende anbot. Einmal in der Woche fuhr ich da hin. Die Atmosphäre war ruhig, es brannten Kerzen und Räucherstäbchen und diese Maria sprach als Medium zu den Anwesenden.

Diese Meditationen hatten eine sehr beruhigende Wirkung auf mich und, ja, das kann man ruhig so sagen, waren eine Wohltat für meine Seele.

Eines Tages, unvorbereitet und ohne Stress hatte ich dann während einer dieser Meditationen eine, na, wie sagt man dazu?, eine Öffnung, eine Erkenntnis, einen Gedankeneinblick. Es war einfach plötzlich da. Bilder, Erkenntnisse, eine nicht gekannte Gewissheit.

Ich wusste, da ist ein Vorleben. Ich war ein junger Indianer, ein Heißsporn, voller Leidenschaft. Damals kam es zu Zwischenfällen mit den Weißen und ich habe heftig mit unserem Stamm diskutiert und ganz wesentlich dazu beigetragen, dass der Häuptling sich dazu entschlossen hat, dass unsere Krieger einen Angriff gegen die Weißen starten.

Bei dem Gemetzel kam beinahe unser ganzer Stamm ums Leben. Das hatte ich nun davon. Ich wusste ein Stück weit Bescheid. Da war ich also ein Indianer, der beinahe seinen ganzen Stamm in den Tod diskutiert hat. Ich fühlte eine unbeschreibliche Schande dafür, dass ich diese Schuld auf mich geladen hatte. Und mir wurde auch klar, dass es für die meisten Menschen sicher ein Segen ist, wenn sie sich nicht an frühere Leben erinnern können. Mir gaben diese inneren Bilder und Erkenntnisse schon sehr zu denken. Und ich wusste, wenn ich etwas daraus gelernt habe, dann das: Es ist etwas sehr Schönes, im Einklang mit der Natur zu leben, am Wasser in der Sonne zu sitzen und zu fischen, mit Freunden zu lachen, auf die Jagd zu gehen, sich zu verlieben und ein sorgloses Leben im Einklang mit der Natur zu führen, im Einklang mit der Schöpfung. Und es ist etwas sehr Schreckliches, die lieben Menschen, die einem so nahe stehen, in einen Krieg zu verwickeln, der beinahe allen das Leben kostet. So viele Tote. Und den Überlebenden danach noch in die Augen zu sehen ist unmöglich, wenn man die eigenen Fehler und die eigene Schande erkannt hat.

Heute weiß ich, dass ich mich nie wieder dafür einsetzen werde, einen Krieg zu starten. Ich sehe es eher als Aufgabe, Konflikte zu verhindern, um Leid von den Lieben abzuwenden. Notfalls würde ich den eigenen Tod in Kauf nehmen, aber niemals wieder andere Menschen in einen Krieg diskutieren. Wenn wir aus den früheren Leben lernen, dann ist es in Ordnung, wenn wir uns daran erinnern.

Nach diesem ersten Moment der "Erleuchtung" kamen im Laufe der folgenden Monate noch viele weitere Bilder, die Erfahrungen meiner früheren Leben eröffneten sich mir immer mehr. Sei es während Meditationen oder auch ganz spontan mitten in meinem Alltagsleben. Spontan und plötzlich bekam ich meine Informationen, die ich zuvor so mühevoll versucht habe zu erlangen. Nachdem ich losgelassen hatte, kamen die Bilder ganz von alleine.

Heute habe ich unzählige Erkenntnisse zu meinen früheren Leben. Wie immer, erlauben Sie mir das zu sagen, sind es nur meine ganz persönlichen inneren Erkenntnisse. Ich kann niemandem beweisen, dass ich tatsächlich schon gelebt habe und auch die Leben, die für mich nun ein Teil meiner vergangenen Realitäten sind, werde ich nie jemandem beweisen können. Für mich sind es Realitäten, die mich klüger gemacht haben, die meinen Charakter geformt haben, die mir selbst erklären können, warum ich so bin, wie ich bin. Erkenntnisse, die mich anspornen, Dinge besser zu machen, mich positiv weiter zu entwickeln. Und doch sind es sehr persönliche Erfahrungen. Ob mir das irgend jemand glaubt oder nicht ist mir absolut egal. Ich weiß, dass die Menschen, die ähnliche Erkenntnisse für sich haben durften, wohl das alles eher gut nachvollziehen können, andere werden uns als Spinner abtun. Hey - es darf jeder denken, was er will. Wie gesagt, es ist mir inzwischen so was von völlig egal.

Ich spreche darüber, weil ich weiß, dass es denen, die noch auf der Suche sind, möglicherweise Antworten bieten kann, die hilfreich für sie selbst sind. Und damit hat es auch einen Wert, diese Dinge zu teilen.

Als ich als Schüler auf der Frankreichfahrt im Papstpalast von Avignon war hatte ich schon das Gefühl "zu Hause" zu sein. Die Mauern kamen mir so sehr vertraut vor. Es war das erste Mal, dass ich für mehr als ein paar Tage von meinem Elternhaus weg war und ich hatte Heimweh. Doch im Papstpalast fühlte ich mich sofort zuhause. Kein Heimweh mehr. Eher das Gefühl, einfach nur hier bleiben zu wollen. Jahrzehnte später kann ich dieses Gefühl verstehen. Ja, dort hatte ich schon gelebt und ich habe mich immer wohl gefühlt in diesem Palast. Die dicken Mauern, die Beleuchtung mit Kerzen, die ganze Atmosphäre in diesem Papstpalast, all das ruft in mir ein Gefühl der Sicherheit und des Wohlbehagens hervor. Auch wenn meine damaligen Tätigkeiten in diesem Palast alles andere als ruhmvoll waren und ich mich erneut mit großer Schuld beladen hatte. Vom Gefühl her war es großartig, dort zu leben und auch heute noch genieße ich es, wenn ich an diese Atmosphäre denke. Es gibt eben sehr viele gute und schöne Dinge, die wir aus unseren früheren Leben in uns als verborgene Erinnerung, als Gefühl, mit uns tragen. Letztlich ist es eben immer nur entscheidend, was wir selbst in unseren Leben aus dem machen, wer wir sind. Wo beladen wir uns mit Schuld, wo machen wir Fehler, die wir uns selbst dann jahrhundertelang nicht wirklich verzeihen können? Und wo machen wir auch Dinge richtig, so dass wir uns gerne und ohne schlechten Beigeschmack auch in unseren nachfolgenden Leben voller Freude daran erinnern können?

Für die meisten Menschen ist es sicher ein Segen, dass unsere innere Weisheit mit der Geburt auf "Null" zurückgesetzt wird. Damit haben wir die Chance, völlig frei von Schuldgefühlen ein neues Leben zu starten.

Allerdings haben wir bereits mit der Geburt unseren Charakter, der geformt wurde aus all unseren früheren Erlebnissen, unseren Taten und auch Missetaten. Letztlich erschaffen wir uns selbst mit all unseren Gedanken, unseren schlimmen oder auch liebevollen Taten jeden Moment unseres Daseins neu. Wir dürfen das als Chance bewerten. Wir können uns damit jederzeit für einen Kurswechsel entscheiden und ab sofort neue Pfade in unserem Leben einschlagen. Nur wir entscheiden, wer wir ab sofort sein wollen, wohin wir gehen wollen und welche wertvollen Erinnerungen wir uns in diesem Leben erschaffen möchten, damit wir in künftigen Leben auch ein wenig mit Stolz auf uns blicken können, falls wir wieder einmal so lange in unserem Reinkarnationsbuch herumschnüffeln, bis die letzten Siegel unseres Lebensbuches aufgebrochen sind.

Jeder von uns ist ein Individuum, jeder ist einzigartig. Doch ob unser Leben auch "großartig" ist, das liegt alleine in unseren Händen. Haben Sie den Mut, in Ihrem Leben etwas Einzigartiges zu tun, das Ihnen und Ihren Mitmenschen ein gutes Gefühl gibt. Sorgen Sie sich für ein gutes Miteinander hier auf Erden. Alle Konflikte, jeder Streit bringt uns weg von dem, wer wir eigentlich sind. Es gibt so viele dumme, hässliche Kröten-Menschen auf unserer Erde. Sorgen Sie bitte dafür, dass Sie eher zu den "Engeln" auf Erden gehören als zu den Deppen, die alles kaputt machen wollen. Wenn etwas Gutes in Ihnen schlummert, füttern Sie es, lassen Sie es raus. Das Gute wird keinen Schaden anrichten. Es wird anderen helfen, zu erkennen, wer wir alle wirklich sind. Es ist es wert, dass wir unser Licht so hell brennen lassen, wie es eben nur geht.

Kommunikation mit Toten

Ende 2011 oder Anfang 2012 kam eine junge Frau zu mir, mit Namen Ulli. Sie lebte damals in einem kleinen Ort in der Nähe von Donauwörth. Sie wurde von einer Freundin an mich empfohlen, interessierte sich für die Arbeit mit Geistern und man hatte ihr gesagt, ich könnte ihr vielleicht helfen.

Sie war eine quirlige junge Frau mit einem hektischen lauten Mundwerk, absolut lieb auf ihre Art. Und sie benutzte oft das Wort "wahnsinnig", wenn sie erzählte. Ich sagte ihr mehr als einmal "Wenn Du noch öfter wahnsinnig sagst, könnte es sein, dass Du es wirst." Es lohnt sich immer, wenn wir ein wenig auf unsere Worte achten. Sie enthalten mehr Wahrheiten, als den meisten von uns bewusst ist. Wie das eigene Gesicht im Spiegel, das uns so manches Geheimnis über uns selbst verraten kann, wenn wir nur aufmerksam hinsehen, ebenso ist es mit unseren Worten. Wenn wir nur aufmerksam uns selbst zuhören, können wir schon so einiges über uns selbst erfahren, das uns auch weiterhelfen kann, unsere Einstellungen und Gedankenmuster zum Positiven zu korrigieren.

Nun, diese Ulli hatte ein starkes Interesse an der Kommunikation mit Verstorbenen. Sie erzählte, dass in ihrem Ort mal ein Mann verschwunden ist. Der Verdacht liegt nahe, dass der Mann ermordet wurde und dass ihre eigenen Schwiegerleute etwas mit dem Mord zu tun haben. Und sie erzählte, dass ihr Mann sich umgebracht hat und er seitdem mit ihr über elektrische Geräte kommuniziert. So richtig heftig.

Das war mal wieder ein Volltreffer. Sie hatte damit sofort meine höchste Aufmerksamkeitsstufe.

Zunächst einmal geht es ja immer darum, wie man den Menschen helfen kann, die zu einem geschickt werden. Ich habe für Ulli einige Meditationen entwickelt, um ihr erst einmal zu helfen, einfach ein bisschen ruhiger zu werden.

Die junge Frau war ja so quirlig und sprudelte ständig mit irgendwelchen Worten heraus, dass es teilweise echt schon anstrengend war, länger mit ihr zusammen zu sein. Und doch hatte sie ja auch dieses liebenswerte Wesen. Ich half ihr sehr, sehr gerne.

Im Laufe der Wochen machten wir so einige Meditationen um ihre inneren Sensoren zu öffnen und sie dabei zu unterstützen, leichter und besser mit Verstorbenen zu kommunizieren.

Im Laufe der Zeit erfuhr ich auch mehr Details zu ihren eigenen Erfahrungen mit dem Spukgeist ihres verstorbenen Mannes. Ulli hatte zwei kleine Kinder, nach meiner Einschätzung kriselte es wohl auch in der Ehe und der Ehemann und Vater hat aufgrund zahlreicher persönlicher Probleme irgendwann den Entschluss gefasst, sich das Leben zu nehmen. Am 5. Oktober 2011 erhängte er sich an einem Baum.

Anschließend spukte er bei seiner Ehefrau Ulli. Der Verstorbene ließ Lichter flackern und störte die Funktion des Föhns. Ulli lernte, mit Hilfe des Föhns und des elektrischen Rasierapparates Fragen an den verstorbenen Ehemann zu stellen. Einmal Strom unterbrechen hieß "Ja", zweimal Strom unterbrechen hieß "Nein". Und so fragte sie ihn täglich alles mögliche und erhielt auch alle möglichen Ja und Nein Antworten von ihm. Das Erstaunliche für mich ist dabei, dass dies ein absolut reales und reproduzierbares Phänomen ist. Ulli stellt Fragen und bekommt klare Antworten. Und es funktioniert über elektrische Geräte.

Es ist ja immer von Vorteil, wenn man sich ein gutes und breites Wissen aneignet und Sie wissen ja, dass ich als Kind Parapsychologe werden wollte. So habe ich auch schon zahlreiche Bücher über "Out of the Body" Erlebnisse gelesen.

Das sind Erfahrungen, die gemacht werden können, wenn Menschen es lernen, mit bestimmten Techniken den Astralkörper oder feinstofflichen Körper vom physischen Körper zu trennen. Es gibt da die verschiedensten Techniken und ich selbst habe das auch mal praktiziert und geübt. Eines Tages gelang es mir dabei auch, meinen Astralkörper vom physischen Körper abzutrennen. Ich rollte mich im Schlaf einfach heraus. Ein anderes Mal gelang es mir, meine Arme abzulösen. Es sind jedenfalls ganz faszinierende Erlebnisse, die demjenigen, der selbst solche Erfahrungen macht, mit einer nicht zu übertreffenden Gewissheit, die Erkenntnis vermitteln, dass wir mehr sind als nur unser physischer Körper.

Aus den Büchern weiß ich nun, dass Astralreisende immer wieder auch davon berichten, dass sie auf ihren Astralreisen an Hochspannungsleitungen kleben blieben und dass es sehr unangenehm und anstrengend ist, sich von diesen Leitungen wieder zu befreien.

Wenn wir dieses Phänomen, und die Aussage, dass die Astralreisenden bei der Rückkehr in den eigenen Körper eine gewisse "Kälte" spüren einmal mit in die Waagschale legen, dann ergibt sich folgendes Bild:

Der Astralkörper scheint in Bezug auf Elektrizität (Hochspannungsleitung) eine gewisse Reaktion auszulösen (Klebenbleiben). Der physische Körper empfindet Kälte, wenn der Astralleib zurückkehrt.

Ist es damit noch ein Wunder, wenn ein Verstorbener, der ja keinen physischen Körper mehr hat, der unsichtbar ist, und den die Lebenden nicht mehr sehen und hören können, feststellt, dass er ein Flackern des Lichtes auslöst oder elektrische Geräte beeinflussen kann, wenn er nur mit seinem Astralarm durch diese elektrisch betriebenen Komponenten hindurch fasst? Und schon ist eine Möglichkeit der Kommunikation für den Verstorbenen entdeckt, die wohl ohne große Übung für den Toten möglich ist.

Das Bewegen von Gegenständen ist auch möglich, jedoch könnte es sein, dass der Verstorbene das erst üben oder lernen muss. Das kann ich aus heutiger Sicht noch nicht genau beantworten und ich hoffe, dass mich mein Weg auch in diesen Dingen noch weiter bringt, um meinen eigenen Wissensdurst noch ein wenig mehr zu stillen.

Und wenn wir wissen, dass der eigene Körper diese Kälte spürt, wenn der Astralleib zurückkehrt, dann können wir auch sofort erkennen, dass es ganz normal sein dürfte, dass ein Lebender einen kalten Hauch spürt, wenn der Astralleib eines Verstorbenen durch ihn hindurch fasst oder hindurch schreitet.

So fügt sich mit der Summe der Berichte und Erfahrungen aus den unterschiedlichsten Quellen alles zu einem stimmigen Bild zusammen, das nun jeder von uns für sich selbst bewerten darf.

Schon damals hatte ich das Gefühl, es wäre gut, wenn ich über diese neuen Erkenntnisse ein Buch schreiben würde. Die Zeit war dafür allerdings damals noch nicht reif.

Ulli berichtete noch von Phänomenen, dass die schwere Eingangstüre des Hauses, in dem sie lebte, aus massivem Holz, eines Tages, ohne den Einfluss von Wind, zugestoßen wurde und sie hatte nach dem Tod ihres Mannes auch massive Probleme mit ihren Schwiegereltern, denen das Haus gehörte.

So zog Ulli schließlich auch weg aus Donauwörth und ich habe sie wieder aus den Augen verloren. Ich hoffe, sie ist ihren Weg mit großer Bewusstheit weiter gegangen und wünsche ihr auch auf diesem Wege nochmals "Alles Gute" für ihre sicher spannende Arbeit mit den Verstorbenen.

Am 5. Oktober 2012, am Jahrestag des Selbstmordes ihres Mannes, hat mich ein Seat-Fahrer schnurstracks vom Motorrad heruntergefahren und ich wurde schwer verletzt.

Na - ist das gruselig, was meinen Sie?

Es war am Samstag, den 5. Oktober 2012, kurz vor 14:00 Uhr. Ich hatte mit einem Bekannten ausgemacht, dass ich um 14:00 Uhr bei ihm wäre. Wir wollten miteinander einen Motorradausflug machen. In der Garage versuchte ich, meine Honda Shadow zu starten. Es ist wirklich mein Traumbike. Jahre zuvor hatte ich immer schon versucht, mir ein Motorrad zu kaufen, doch nie war genug Geld da, dann kam die Scheidung und irgendwann einmal, an einem Sonntag, als meine beiden Söhne bei mir zu Besuch waren und die beiden ohnehin am Computer gespielt haben, konnte ich es mir nicht verkneifen, und habe im ebay nach Motorrädern geschaut. Und da war sie: Eine blaue Honda, mit einem Adler auf der Seite am Luftfilterdeckel, dazu Satteltaschen, Sissybar, Speichenräder. An diesem Sonntag tat ich mal etwas sehr Spontanes. Ich klickte auf "Bieten", war der Erste, der 2.500 Euro als Mindestgebot abgab. Innerlich hüpfte mein Herz, weil es ja total unvernünftig war, einfach auf ein Motorrad zu bieten, das man noch gar nicht gesehen hat. Aber ich freute mich auch sehr, es hat mich ja fast innerlich zerrissen vor Spannung. Jetzt musste ich warten, was aus meiner spontanen unvernünftigen Aktion wohl werden würde. Sonntag Abend war es dann soweit: Ich war der einzigste, der ein Gebot abgegeben hatte und eins, zwei, drei sollte das Motorrad meins sein. Wow. Die spontanen Aktionen, bei denen der Kopf erst gar nicht mit in die "Überlegungen" von Herz und Bauch einbezogen wird, sind doch immer die besten.

In der folgenden Woche nahm ich Kontakt mit dem Verkäufer auf, der etwa 50 Kilometer entfernt wohnte und - ich brauchte einen Helm. Immerhin war ich ja über 20 Jahre nicht mehr mit einem Motorrad gefahren und hatte dem entsprechend keinerlei Ausrüstung mehr.

Losgefahren und Helm gesucht. Als ich den ersten Helm über meinen Kopf stülpen wollte bekam ich sofort Platzangst. Innere Panik - was sollte denn das jetzt?

Ich hatte ein Motorrad ersteigert und konnte es nicht ertragen einen Helm aufzuziehen! Oh Gott! Was jetzt?

Das Problem konnte zum Glück gelöst werden. Ich fand einen Helm mit Klappvisier, den konnte ich mir überstülpen ohne gleich Platzangst zu bekommen. Na ja, gerade nochmal gut gegangen.

Noch anständige Klamotten dazu gekauft: Lederhose, Lederjacke und Lederhandschuhe, und natürlich einen Nierengurt.

So ausgestattet fuhren meine Freundin und ich dann in den kommenden Tagen zum Verkäufer, um das Motorrad abzuholen. Die ersten Kilometer hatte ich ja schon noch gewaltige Probleme. Spur halten, oh je, oh je. Bremsen, Schauen, Anfahren um die Kurve - ach du grüne Neune. Ich konnte ja fast gar nichts mehr!

In den kommenden Wochen und Monaten bin ich tausende Kilometer gefahren und es hat mir einen solchen Spaß gemacht, es war einfach schön. Im Jahr darauf kaufte ich an einem Samstag, spät in der Nacht und ganz spontan eine Yamaha Virago in Rot für meine Freundin.

Ja, die Geschichte sollte vielleicht auch noch kurz geschildert werden, weil sie echt ungewöhnlich und total spannend war.

Die Yamaha war aus Esslingen bei Stuttgart. Etwa 350 Kilometer entfernt. Ich kontaktierte den Verkäufer Sonntag früh, wir machten einen Termin aus und ich plante meine Reise mit dem Zug. Beim Geld abheben hatte ich dann das erste Problem: Der Automat spuckte nichts aus, weil ich dafür mein Konto hätte überziehen müssen. Meine Freundin hat mir ausgeholfen und so schnappte ich mir den Helm und die Lederklamotten und setzte mich in den Zug nach Esslingen.

Dort angekommen holte mich der Verkäufer vom Bahnhof ab. Bei ihm zuhause setzte mir seine Frau drei Stück Kuchen vor, Kaffee dazu und wir besprachen den Kauf.

Endlich holte der Mann die Schlüssel des Motorrads, ich packte die Unterlagen, Kaufvertrag und Fahrzeugbrief, ein und wir machten uns nach unten zur Übergabe.

Er sagte: "Da ist seit Jahren keiner mehr gefahren, es sind nur noch ein paar Tropfen Benzin im Tank." Ich dachte, ich höre nicht recht. Ich nahm den Schlüssel, öffnete den Tankdeckel und Rost grinste mich an. Wow - so viel Rost hatte ich noch nie in einem Motorradtank gesehen.

"Scheiße" dachte ich mir. Na ja, was soll's. Das Motorrad war ordentlich an mich versteigert worden - natürlich wollte außer mir keiner auf dieses "Laternenfahrzeug" bieten. Ich meine sogar, es war ein Sofortkauf bei ebay. Ein Klick und ich hatte es. Und jetzt hatte ich ein Moped mit nur ein paar Tropfen Benzin im Tank und 350 Kilometer Strecke vor mir.

Der Mann, ich nenne ihn jetzt einfach mal August, weil er so ein August-Plakat im Wohnzimmer hängen hatte, der alte Spaßvogel, der Mann erklärte mir den Weg zur Tankstelle: "Ich müsse die Straße hier entlang, dann links, die dritte rechts, die nächste wieder links, runter ins Stadtzentrum, dann wieder rechts, die fünfte scharf links und dann wären es nur noch ein paar mal Abbiegen" - ich dachte ich spinne. Das finde ich ja NIE!

Oder - ich könnte auch einfach hier den Berg runter fahren in die völlig falsche Richtung, da käme dann auch rechts an der Straße eine Tankstelle. Die nehme ich, dachte ich mir. Ich bedankte mich, war froh, dass ich den dummen August los war, setzte mich auf das Motorrad und fuhr los, den Berg runter.

Da kam die Tankstelle und ich machte den Tank voll bis oben hin. Den Rost wird's schon durch den Vergaser jagen, nahm ich an. Hauptsache weg aus diesem Deppenkaff. Man möge mir bitte meine blumige Sprache verzeihen, aber ich brodelte leicht innerlich.

Wie kommen manche Menschen nur darauf, solche Motorräder zu verkaufen, so ungepflegt, jahrelang im Regen gestanden, verrostet bis zum Anschlag und ohne Benzin im Tank. Beinahe wäre mir der trockene Kuchen wieder hochgerutscht.

Nach dem Tankstopp saß ich drauf auf dem roten Blitz und fuhr los. Nach etwa eineinhalb Stunden tat mir der Arsch derart weh, dass ich mich entschlossen habe an der nächsten Autobahnraststätte raus zu fahren, wieder vollzutanken und meinen schmerzenden Hintern ein wenig zu massieren und mir die Beine zu vertreten.

Da kam die Raststätte, ich fuhr raus direkt zur Zapfsäule und tankte voll. Als ich vom Bezahlen kam und mich auf das Motorrad zubewegte, traute ich meinen Augen nicht: Da war eine frische Pfütze unter dem Motorrad. Ein kurzer Kontrollblick brachte die schreckliche Wahrheit sofort ans Tageslicht. An der Kardanwelle entlang lief eine Benzinspur, die dann unaufhörlich Tropfen für Tropfen den Kontakt zum Boden suchte. "Oh Mann, so eine Scheiße." dachte ich mir. Da bin ich zwei Stunden von meinem Ziel entfernt und der Sprit tropft raus. Wenn ich jetzt den ADAC rufe, dann kann ich zusehen, wie ich das hinbekomme, Motorrad hier in irgendeine Werkstatt bringen und dann austüfteln, wie ich nach Hause komme.

Ich setzte mich auf die Maschine, blickte mich kurz um, um mich zu versichern, dass noch keiner die Pfütze bemerkt hatte. Ich ließ das Motorrad an und fuhr auf den Parkplatz der Raststätte - zum Nachdenken. Ich entschied mich dazu, die Fahrt fortzusetzen. Was sollte mir passieren? Der Sprit tropft raus, im schlimmsten Fall explodiert alles und ich fliege mit Helm und Lederkombi durch die Luft. Immer noch besser, als hier vor Ulm schon zu stranden. Ja, so wollte ich es machen. Der Tank war ja jetzt voll.

Wenn ich es bis Neuburg schaffe, dann tanke ich dort das nächste Mal voll und dann schaffe ich die restlichen 50 Kilometer auch noch - das war der Plan.

Also aufsteigen und tapfer weiterfahren.

Zum Glück ist nichts explodiert obwohl ich einige Liter Sprit auf die Autobahn getropft habe. In Neuburg bin ich dann zur Tankstelle im Südpark gefahren, habe in großer Eile wieder vollgetankt und als ich vom Bezahlen kam, sah ich eine Pfütze, die doppelt so groß war, wie die bei Ulm. Aufsitzen, Anlassen und nix wie weg hier.

An der Gabel, nach dem Kreisel bei Ingolstadt, habe ich an einem idyllischen kleinen Parkplatz angehalten und meine Freundin informiert. Sie sollte Eimer und Lappen bereitstellen - ich bin in wenigen Minuten da und das Motorrad wird in kurzer Zeit alles versauen, wenn wir nichts unterstellen.

Der Sprit rannte mir schon um die Stiefel, als ich die letzten paar hundert Meter weiterfuhr.

Den Rest der Geschichte erzähle ich jetzt hier nicht mehr, nur noch so viel: In den kommenden Wochen und Monaten habe ich dieses rostige Motorrad derart aufgemotzt, dass es wieder dastand, wie neu. Da steckte eine Menge Zeit und Geld drin, eine frische Lackierung, einen neuen Haupttank und der Zusatztank musste ja eh erneuert werden. Alles picobello.

Nun - dann kam dieser 5. Oktober 2012. Ich hatte ja schon tausende Kilometer Fahrpraxis gesammelt und ich fuhr sehr viel lieber mit meiner Honda als mit der Yamaha meiner Freundin. An diesem Tag wollte meine Honda nicht anspringen. Ich habe es 10 Minuten lang immer und immer wieder probiert, bis ich dann kurz nach 14:00 Uhr aufgab. Ich nahm den Helm, ging zurück ins Haus und sagte zu meiner Freundin: "Du, ich fahre heute nicht. Meine Honda springt nicht an, ich bin eh schon zu spät dran. Ich lass es sein." Meine Freundin meinte dann: "Nimm doch mein Motorrad."

Na ja. Es wäre eine Alternative. Ich könnte mit der Yamaha fahren und dann doch noch wenigstens eine schöne Tour haben, wenn`s auch nicht mit meiner Honda wäre.

Okay - ich willigte ein und nahm die Yamaha mit auf die Reise.

Jetzt sollte man vielleicht noch wissen, dass die Frau des Bekannten, mit dem ich an diesem Tag auf der Motorradtour unterwegs war, bei einer Wahrsagerin gewesen war, die ihr vorhergesagt hatte, ihr Mann würde in Kürze sterben. Die meiste Zeit unseres Ausfluges war ich vorne gefahren. Nach einer Rast im Kaffee meinte ich zum Michael: "Wie wär's denn, wenn Du jetzt vorausfährst? Ich kenne mich hier in der Gegend nicht so gut aus." Er willigte ein, und so fuhr ich ab jetzt hinter ihm her.

Die Straße war schnurgerade, es ging leicht den Berg hinab und ich sah ganz deutlich die Kreuzung kurz vor dem Spindeltal und ein kleines Auto fuhr von links an die Kreuzung heran. Ich hatte (und das ist jetzt nicht übertrieben!) ein seltsames Gefühl beim Anblick des Autos. Es fuhr an die Kreuzung heran und bremste bis zum Stillstand ab. Ich hatte Vorfahrt. Es war eine absolut übersichtliche Kreuzung. Michael fuhr vorneweg über die Kreuzung und ich näherte mich mit etwa 65 Stundenkilometern hinter ihm, mit normalem Abstand, und würde in wenigen Sekunden auch die Kreuzung passieren. Kurz bevor ich die Kreuzung erreichte rollte das Auto los und schnitt mir voll den Weg ab. Ich dachte nur noch: "Wooow! Was macht denn der? Spinnt der?" Vollbremsung! Der Hinterreifen quietscht und BUMM. Zusammenstoß. Es hob mich aus dem Sattel und ich flog durch die Luft.

In so einem Moment hört das Denken fast auf. Ich schloss meine Augen und gab mich der Situation einfach hin. Ich hatte das Gefühl, dass da mindestens 4 Engel waren, die mich in der Luft drehten und schon landete ich sanft auf der Straße.

Ich machte die Augen auf, wollte aufstehen und spürte höllische Schmerzen im linken Fuß. Ich konnte nicht aufstehen. Es war unmöglich. Ich kramte das Handy aus der Lederjacke und rief sofort meine Freundin an. Ich erzählte ihr, dass ich gerade einen Unfall hatte und dann wurde mir schlecht. Ich gab Michael, der umgekehrt war, das Handy und sagte, er solle weiter telefonieren.

In so einem Moment bist Du einfach auf fremde Hilfe angewiesen. Ich konnte nur sitzen und schauen, hab die völlig schockierten Autoinsassen noch gefragt, ob bei denen alles okay wäre. Sie sagten nur "Das schöne Auto, das schöne Auto." Mein Motorrad lag auch tot auf der Straße und der Zündschlüssel lag zwei Meter daneben. Hallo, geht`s noch? "Das schöne Auto!" Solche Deppen.

Fleißige Helfer alarmierten Feuerwehr, Polizei und Krankenwagen. Ich konnte ja nichts machen. Als der Sanitäter meinen Fuß anschaute, meinte er etwas von "disloziert." Ja, Scheiße - ich hatte Latein, das bedeutete, es war nicht mehr alles an dem Platz, wo es hingehört.

Er frage mich noch: "Wer hat Ihnen denn den Helm abgenommen?" Und ich sagte: "Das war ich selber. Das war das Erste, was ich gemacht habe. Der stört ja bloß." An meine angebrochenen Wirbel hatte ich da nicht gedacht.

Der Sanitäter legte mir eine Halskrause zum Schutz an. Ich machte sofort absichtlich Würgegeräusche, so als ob ich kotzen müsste, damit er die Halskrause lockerer machte. Yep – hat funktioniert!

Anschließend kam die Fahrt ins Krankenhaus und ich machte dort meine Späße, bis meine Freundin eintraf.

So im Nachhinein fragte ich mich natürlich schon, welche Bedeutung in dem Unfall für mich lag?

Warum geschah mir das auf den Tag genau ein Jahr nach dem Selbstmord von Ulli's Mann? War das ein Racheakt aus dem Jenseits, weil ich mich da eingemischt hatte?

Oder war es mir bestimmt, dem Michael das Leben zu retten an diesem Tag, weil er sonst vielleicht bei dem Unfall gestorben wäre?

Oder sollte ich das Motorrad meiner Freundin schrotten lassen, weil sie unter Marcumar mit ihrer Blutverdünnung an so einem Unfall ja auch sterben könnte?

Nun, den Gedanken an die Rache aus dem Jenseits habe ich sofort abgetan. Ich fühlte mich nach dem Zusammenprall von den Engeln in der Luft absolut beschützt und geborgen. Da war kein einziges schlechtes Gefühl in mir aufgekommen. Nein. Mit Rache hatte das nichts zu tun, obwohl das Datum schon beachtlich war!

Zur Ergänzung muss ich noch sagen - ich hatte von meiner Freundin einen Schlüsselanhänger mit einem Engel bekommen, mit dem Text: "Ich beschütze Dich." Der Engel hat sich während des Unfalls in meiner geschlossenen Jackentasche vom Schlüsselbund gelöst. Das war auch ganz schön spannend, als wir das bemerkt haben.

Letztlich stellt sich die Frage nach dem Sinn dieses Unfalls und für mich gab es da einiges an Lernpotential. Ich habe erfahren, dass ich Vertrauen in meinen geistigen Schutz habe, der für mich durchaus eine sehr persönliche Komponente hat. Ich kenne meinen geistigen Helfer durch Meditationen und wir haben gemeinsam schon so vielen Menschen in Heilbehandlungen helfen dürfen. Ja, ich fühle mich durch ihn auch immer in guter Begleitung, geschützt und geborgen. Er würde es mich wissen lassen, sollte ich von meinem Weg abkommen, und solange ich auf meinem Weg wandle, ist er an meiner Seite, um mich zu begleiten und zu unterstützen. Er ist der Beste. Er hat meinen tiefen und aufrichtigen Dank verdient und mit ihm verbindet mich so viel mehr als die paar Jahre, in denen mir bewusst ist, dass er da ist. Ja, Sie können mich jetzt wieder für einen Spinner halten, das ist okay für mich.

Ich bewerte auch meinen geistigen Freund und Helfer immer an den Ergebnissen. Wenn er mir Antworten gibt, dann messe ich diese Antworten immer an der Realität und der Brauchbarkeit seiner Informationen. Er sagt nicht immer das, was ich eh schon wusste, er sagt nicht immer das, was ich hören wollte, doch er ist immer offen und hat mir noch jedes mal auch eine Antwort zukommen lassen. Er ist da einfach immer für mich da. Und so fühlt sich eben echte Freundschaft an, auch wenn er für mich eher "unsichtbar" ist. Ich weiß ja, wie er aussieht, auch wenn ich ihn nicht direkt sehe.

Ich bin mir sicher, dass er auch an diesem 5. Oktober bei mir war. Und das nächste Mal, wenn ich etwas umfahre, dann sollte ich daran denken, den linken Arm auf die Brust zu legen und den rechten Arm mit einer Faust nach vorne auszustrecken. Superman würde das auch so machen - und was glauben Sie, wie blöd der Nächste schauen würde, wenn ich so an seiner Windschutzscheibe vorbeifliegen würde? Michael sagte übrigens später noch " Du hast Dich abgerollt wie eine Katze!" Cool, oder? Ich hatte doch nur meine Augen geschlossen und die Engel alles machen lassen.

Eine Sache sollte hier noch ergänzt werden: Das Tische rücken oder Gläser rücken. Das ist ja eine weit verbreitete Methode, wo Menschen oft mit wenig Vorkenntnissen versuchen, experimentell Kontakt mit Verstorbenen aufzunehmen.

Ein Arbeitskollege hat mir mal erzählt, dass er bei so einer Sitzung dabei gewesen ist. Sie saßen um einen runden Tisch und hatten den Finger auf ein Glas gelegt. Das "Medium" stellte Fragen und die Teilnehmer hatten die Augen geschlossen. Das Glas bewegte sich und damit konnte das Medium dann die Antworten ablesen.

Irgendwann dachte sich mein Arbeitskollege, dass das doch alles ein riesen Schwindel ist, dass das Glas sich bewegt und Antworten auf die Fragen des Mediums gibt. Er glaubte fest daran, dass die anderen da wohl kräftig das Glas hin und herschieben würden. Also öffnete er seine Augen entgegen der Anweisung des Mediums und war sehr überrascht, als er feststellte, dass er der Einzigste war, der noch den Finger auf dem sich bewegenden Glas hatte. Laut seiner Erkenntnis hat sich das Glas tatsächlich "wie von Geisterhand" bewegt, da er selbst nicht geschoben hat!

Zum Thema Gläser rücken oder Tische rücken sei noch eines angemerkt: Die Methoden funktionieren. Auch andere Methoden funktionieren. Es ist möglich, die Geister der Verstorbenen zu rufen, und es kommen tatsächlich welche, um zu kommunizieren. Allerdings hat das Ganze einen gewaltigen Haken.

Stellen Sie sich einen Moment lang vor, was passiert, wenn eine junge attraktive Frau eine Spelunke betritt - nackt. Drinnen sitzen lauter besoffene notgeile Männer. Können Sie erkennen, was nun passiert? Die notgeilen Männer werden die nackte Schönheit sehen und sich - in Bayern sagen wir - "anwanzen".

Eine äußerst unangenehme Situation, meinen Sie nicht? Und beim Tischerücken ist es genau das selbe. Sie wollen Kontakt aufnehmen, und die schlimmsten Geister werden kommen, um sich anzuwanzen. Die Geister geben Antworten, machen neugierig, versuchen in näheren Kontakt zu treten und wenn Sie Pech haben, haben Sie sich einen "Stalker" angelacht, der Ihnen schon sehr bald echt unangenehm werden kann.

Na dann viel Spaß dabei, diesen Blender wieder loszuwerden, den Sie ja gar nicht sehen können, und der sich nun in Ihr Leben drängt. Auch Besetzungen sind nach einer solchen Seance durchaus sehr leicht möglich.

Deshalb mein Rat: Lassen Sie es lieber, wenn Ihnen Ihr persönlicher Friede, Ihre Ruhe und Ihre innere Ausgeglichenheit irgend etwas bedeuten.

Wenn Sie wirklich den Kick suchen und mit Verstorbenen kommunizieren wollen, dann gibt es dafür weitaus bessere und angenehmere Methoden.

Sie würden ja auch nicht nackt in eine Spelunke gehen, oder?

Da ich keine Ahnung habe, ob Sie selbst als Leser dieses Buches nur am Thema insgesamt interessiert sind, oder ob Sie spirituell tätig sind und Kontakte zu Verstorbenen aufnehmen möchten, oder dies auch schon getan haben, möchte ich an dieser Stelle einfach mal ein Angebot an Sie machen:

Sollten Sie Hilfe brauchen, also einen echten Fall von Spuk haben, bei dem Sie nicht weiterkommen, und wo sich vielleicht die Truppe mit den Kameras schon vor Angst laut schreiend verflüchtigt hat, dann wenden Sie sich gerne vertrauensvoll an mich. Für echte Spukfälle bin ich immer sehr gerne zu haben. In unserer Gesellschaft wird das Thema ja immer noch eher verschwiegen, kaum jemand traut sich wirklich offen darüber zu sprechen. Sie können mit meiner Diskretion rechnen, denn wenn Sie sich einmal ehrlich fragen, ob Sie tatsächlich herausfinden könnten, über wen ich in diesem Buch alles schreibe, dann kommen Sie sicher zu dem Ergebnis, dass Sie die einzelnen Personen, die hier erwähnt werden, wohl selbst nie ausfindig machen könnten.

Ich trage die Beispiele in die Öffentlichkeit, weil ich das als meine Aufgabe sehe. Ich bin für jeden Spukfall wirklich gerne zu haben und helfe sehr, sehr gerne. Das bereichert ja auch mein Wissen. Falls Sie betroffen sind und nicht geisteskrank, melden Sie sich einfach unter meranoverlag@gmx.de.

Vielen Dank schon vorab für Ihr Vertrauen. Und wenn Sie in Bayern leben, dann ist es ja nicht ganz so weit für mich.

Heilung mit Hilfe der Verstorbenen

Wir wollen uns hier wieder einem eher praktischen Thema widmen. Das Heilen mit Hilfe der Verstorbenen. Im Allgemeinen ist es ja bei der Arbeit mit Verstorbenen doch eher so, dass wir versuchen, einem erdgebundenen Spukwesen den Weg ins Licht zu zeigen, damit es seine Erlösung findet. Doch es kann auch absolut Sinn machen, die Verstorbenen zu bitten, bei der Heilung eines noch lebenden Menschen mitzuhelfen.

Wie geht das nun? Stellen Sie sich wieder folgendes vor: Die Verstorbenen sind wie die Lebenden. Menschen, mit eigenem Bewusstsein, mit eigenen Gedanken, Stolz, mit Mitgefühl, wütend, traurig, arrogant oder dumm, manchmal im Nebel der Zwischenwelt gefangen, doch manchmal auch bereits erleuchtet durch den Übertritt in die Lichtsäule.

Nach dem Gang durch den Tunnel, durch das Ankommen im "Zuhause" erfahren die Verstorbenen die Gnade der bedingungslosen Liebe und der Erkenntnis über die Zusammenhänge ihres eigenen Lebens. Sie erkennen und bewerten für sich selbst, jeder mit seiner eigenen Selbstbestimmung und individuellen Verantwortung nur sich selbst gegenüber, was gut war und was nicht so gut war.

Der Einblick in die Zusammenhänge macht diese Verstorbenen, die den Weg durch den Lichttunnel bereits gegangen sind, zu sehr viel wertvolleren Gesprächspartnern, als wenn es sich um ein verwirrtes erdgebundenes Wesen handelt, das den Weg ins Licht noch nicht gegangen ist. Wohlgemerkt haben auch die erdgebundenen Wesen die selbe Intelligenz, die sie als Lebende bereits hatten! Unterschätzen Sie das bitte nie.

Und wir sollten diese erdgebunden Wesen auch niemals be- oder verurteilen.

Sie haben sich, aus welchen Problemen, Zwängen oder Interessen heraus auch immer, einfach dazu entschlossen, den Weg durch den Lichttunnel zu verweigern, oder haben den Weg einfach nicht als solchen erkannt. Damit haben sie die höheren Einsichten noch nicht erhalten, sind aber abgesehen davon, dass die "Erleuchtung" noch aussteht, vollwertige Gesprächspartner (mit beschränktem Bewusstsein, wenn wir das mal so arrogant klingend bezeichnen möchten).

Nun - wir haben manchmal Situationen, wo Menschen unter einem Problem leiden, das verursacht wurde unter Mitwirkung eines anderen Menschen, der in der Zwischenzeit schon verstorben ist.

Wenn wir zu der Erkenntnis kommen, dass ein Gespräch zwischen dem Menschen mit dem Problem und dem Menschen, der an der Entstehung des Problems beteiligt war, hilfreich wäre zur Auflösung der Problematik, dann ist das genau so eine Situation, wo die Einbeziehung des verstorbenen Menschen durchaus hilfreich sein kann.

Dann betreten wir die Möglichkeit der "Heilung mit Hilfe eines Verstorbenen". Wenn Sie nun, als Mensch, der eine gewisse Übung im Umgang mit Verstorbenen mitbringt, gewohnt sind, mit den Seelen der Verstorbenen zu kommunizieren, dann können Sie sich sehr leicht vorstellen, wie sie über passende Fragen auch genau die Information erhalten können, die dem Lebenden helfen kann.

Ein sehr gutes Beispiel ist die amerikanische Serie "Ghost Whisperer". Da wird immer wieder gezeigt, wie hilfreich der Austausch von Informationen zwischen Lebenden und Verstorbenen für das seelische Heil beider Parteien sein kann. Und auch wenn es nur eine Fernsehserie ist, glauben Sie mir bitte, was Sie dort sehen ist nicht allzu weit von der Realität entfernt. Ich persönlich würde die Serie als äußerst gelungen bezeichnen.

In der Realität werden die Eindrücke des Geisterflüsterers wohl nicht immer diese hohe Qualität und Klarheit haben, doch das ist etwas sehr Individuelles und hängt ja von der eigenen, ganz persönlichen Entwicklung ab. Ich nehme auch mit größter Sicherheit an, dass es durchaus Menschen gibt, die genau solche klaren und qualitativ hochwertigen Eindrücke haben, wie die Hauptdarstellerin in Ghost Whisperer. Es gibt zahlreiche "Gaben", die an bestimmte Menschen gegeben wurden. Und ich habe schon so manches Mal gestaunt, was andere Menschen, meist Frauen, sehen, empfinden, wissen, hören usw.

Ja, nennen Sie es ruhig Hexen. Es gibt diese Menschen. Ohne jeden Zweifel. Die sind nicht besessen und die sind auch nicht böse, obwohl sie schon auch mal gemein werden können. Wer könnte das von uns nicht? Doch in erster Linie sind es Menschen mit einer besonderen Gabe und ich wiederhole mich immer wieder, wenn ich sage: "Je mehr diese ganz besonderen Menschen lernen, ihre Gabe zu nutzen und einzusetzen für den Zweck, der ihrem Lebensweg am ehesten bestimmt ist, desto größer ist der Nutzen für alle Menschen". Wir sollten froh sein, dass wir so hellfühlige, hellsichtige Mitmenschen unter uns haben. Ich persönlich sehe sie als Bereicherung für uns alle an.

So wie Professor X mit seinen Mutanten. Auch hier ist es wieder aus Unterhaltungszwecken übertrieben, was diese Mutanten alles können und in welcher Dichte diese im Film immer auftreten. Doch es soll ja auch Menschen geben, die mit Ihren Gedanken kommunizieren können, Telepaten, oder die Dinge mit Gedankenkraft bewegen können, Telekinesen. Wir sollten immer offen sein für neue Erkenntnisse und Erfahrungen. Und vor allem sollten wir aus einem liebevollen Blickwinkel solche Gaben und Fähigkeiten zum Wohle der gesamten Menschheit bewerten und betrachten.

Der normale gute Mensch hat kein Interesse aus seiner Gabe eine Waffe zu bauen um andere zu unterdrücken oder umzubringen, oder Schaden zuzufügen. Der normale Mensch ist durchaus gut. Es gibt auch die Bösen. Die stellen Waffen her und verkaufen Sie an alle anderen Bösen, die damit wieder andere Menschen umbringen wollen. Beispiele dafür gibt es genügend auf der Welt.

Ja, machen wir nochmal einen kurzen Abstecher. Donald Trump, der August unter den amerikanischen Präsidenten, verkauft mehr Waffen als die Präsidenten vor ihm. Im Nahen Osten werden heute mehr Waffen eingekauft als in den letzten Jahren. Mal ganz ehrlich. Wenn sich ein Mensch bedroht fühlt, was dann? Ich für meinen Teil fühle mich nicht bedroht, aber ich mache seit ein paar Jahren Jiu-Jitsu. Das ist eine friedvolle Form der Selbstverteidigung, die mir persönlich eine gewisse Beweglichkeit in Geist und Körper verleiht, da ich ja schon ein recht alter Mann bin und mich freue, wenn ich noch ein paar Jahre geschmeidig bleibe. Nach meinem Motorrad Unfall habe ich gemerkt, wie schnell der Körper abbaut, wenn irgendwelche Teile nicht benutzt werden. Und da ist es völlig egal, um welche Körperteile es sich handelt. Nach Monaten der Arbeitsunfähigkeit hatte ich das deutliche Gefühl, langsam zu "verblöden", da mein Gehirn nicht mehr täglich gefordert wurde. Und mein Hausarzt hat das damals auch bestätigt. Also, dass es Zeit wird, wieder mit dem Arbeiten anzufangen, weil es sonst nicht besser wird.

Heute bin ich wieder oben auf, mein Kopf funktioniert wieder so gut wie früher und auch alle anderen wichtigen Körperteile sollte man regelmäßig benutzen, damit sie nicht von der Natur zurückgebildet werden.

Nun aber wieder zurück zum eigentlichen Thema: Heilung mit Hilfe von Verstorbenen.

Am besten eignet sich die folgende Methode: Die ruhige Meditation. Sie haben ja in aller Regel einen betroffenen lebenden Menschen, dem sie helfen möchten. Und hierzu möchten Sie den Kontakt zu einem Verstorbenen aufbauen.

Über eine geführte Meditation erreichen wir, dass der Lebende sich entspannt und in seinem entspannten Zustand auch einen besseren Zugang zu seinem inneren Ich bekommt. Gleichzeitig fährt der Kopf soweit runter durch die Meditation, dass störende Gedanken unwichtig werden und der Hilfesuchende durch die Meditation sanft an die Lösung seines Problems herangeführt werden kann.

Ganz wichtig - und das ist immer wieder gleich, wenn es um den Kontakt mit Verstorbenen oder Spukgeistern geht, immer wieder gleich wichtig, wie ein Standard:

- Schutz der eigenen Person und der Beteiligten über die schon bekannte "Lichtkugel".

- Liebevolle und respektvolle Kontaktaufnahme: Wir fordern nicht, wir bitten um den Kontakt, wir bitten um ein Gespräch und sind offen, für das, was wir erleben. Wir erzwingen nichts. Wir sind zufrieden und dankbar, für das, was geschieht und nehmen die Ergebnisse auch liebevoll und dankbar an.

Wem das jetzt schon zu blöd klingt, der kann sich gleich sein Zeugnis bei mir abholen: "Durchgefallen." Kaufen Sie sich ein Messgerät und eine Kamera. Anders wird das wohl nichts mit dem Geister jagen.

Alle anderen, denke ich, haben verstanden, um was es geht und wie es geht. Es ist ja im Grunde wirklich ganz einfach und ich behaupte jetzt hier einfach mal: Wenn Sie als Heilpraktiker(in) tätig sind und die Sorgen Ihrer Patienten wirklich ernst nehmen und danach streben, aus ihrem Herzen heraus zu helfen, dann sind Sie auch als spirituelle(r) Heiler(in) durchaus geeignet.

Über Meditation kann das wirklich jeder lernen, einen Zugang zur feinstofflichen Welt zu erlangen und die eigene Intuition zu fördern. Ich selbst bin ja auch so ein unsensibles männliches Individuum und auch ich habe gelernt, meine inneren Sensoren frei zu bekommen und zu nutzen. Heute kann ich die Gefühle der Menschen erspüren. Ich spüre, wenn jemand lügt. Ich finde das ist schon eine gewaltige Gabe. Sie stellen einem Mitmenschen eine ganz normale Frage und bekommen irgend einen Schmarrn erzählt und wissen sofort, dass es gelogen ist. Das gibt Ihnen die Möglichkeit, Ihr Gegenüber besser zu verstehen. Nach dem Prinzip, niemanden für das, was er ist, zu verurteilen, haben Sie mit dieser Erkenntnis die Möglichkeit herauszufinden, wie der andere innen drinnen tickt.

Sie bekommen ein tieferes Verständnis, auch wenn es immer noch eine Lüge ist, was Ihnen da erzählt wurde. Es hilft, die Zusammenhänge besser zu verstehen.

Und drittens, nach dem Schutz und der liebevollen Kontaktaufnahme:

- Gemeinsame Suche nach einer Lösung für das Problem. Wir machen keinen Kompromiss. Ich sage da immer "Kompromist", weil es eben nicht gut ist. Beim Kompromist bekommt keiner das, was er will. Und ich behaupte: Es gibt für alles auch eine gute Lösung. Wir brauchen keine Kompromist-Lösung, sondern echte, gute Lösungen. Die sind möglich. Immer!

Wenn Sie das nächste Mal das Wort Kompromiss aus dem Munde eines Politikers hören, dann wissen Sie, dass Sie wieder verarscht worden sind. Dann hat sich wieder jemand keine Gedanken gemacht, nur ein bisschen das eigene EGO herumstolzieren lassen und dann einen faulen Kompromist ausgeheckt. Pfui Teufel! Die sollten sich schämen!

Und viertens:

- Sie bedanken sich für die Zusammenarbeit. Dankbarkeit ist ganz wichtig und glauben Sie mir, wenn Sie sich in Dankbarkeit üben, dann werden die zukünftigen Kontakte immer mehr auch harmonisch und liebevoll ablaufen. Die Verstorbenen spüren es, wenn Sie bei Ihnen in guten Händen sind, und Sie ihnen offen und ehrlich begegnen. Und wenn Sie es auch zulassen, dass die Verstorbenen manchmal eben nicht einer Meinung mit Ihnen sind. Suchen Sie dennoch weiter, bis eine gute, oder sagen wir ruhig, bis die bestmögliche Lösung für alle gefunden ist.

Im Grunde wissen Sie ja jetzt schon alles, was es braucht, um aktiv zu werden.

Ach ja - was auch noch Wichtig ist: Gehen Sie aus dem Weg, das wäre der fünfte Punkt. Gehen Sie bitte aus dem Weg! Wenn Sie einen Kontakt hergestellt haben für das Gespräch zwischen einem Lebenden mit Problem und einem Verstorbenen, der zu helfen bereit ist, dann machen Sie es bitte richtig: Stellen Sie den Kontakt bitte so her, dass Sie den Lebenden in der Meditation auf das Zusammentreffen mit dem Verstorbenen hinführen und ihm dann die Gelegenheit geben, die Antwort vom Verstorbenen BITTE selbst zu empfangen. Jetzt sagen Sie vielleicht: "Ja, Mensch, wenn der aber nix hört."

Stellen Sie sich folgendes vor. Sie haben einen Lebenden in einen Entspannungszustand geführt und dessen Sensoren geöffnet. Sie bitten den Verstorbenen herbei und sagen dem Lebenden, er möge schauen, wie der Verstorbene aussieht, was er anhat, und ob er dessen Gesicht erkennen kann. Jeder, der in einer Meditation ist, wird "irgendwelche" Eindrücke haben, da kommen Sie im Traum nicht drauf, was die Menschen in einem solchen Entspannungszustand alles wahrnehmen, glauben Sie mir.

Und alle diese Wahrnehmungen sind enorm wichtig, wenn Sie nach der Meditation mit dem Lebenden darüber sprechen, was er gesehen oder gehört hat. Es sind ja SEINE Wahrnehmungen, die Sie erreichen wollen, SEINE Gefühle und Erkenntnisse. Wenn Sie ihm einfach sagen "Stell Dich nicht so an. Du machst ja nur einen Elefanten aus Deinem Problem! Jedes Kind im Kindergarten löst das innerhalb von Minuten besser auf als Du!", dann ist das absolut kontraproduktiv. Und wenn Sie ihm sagen: "JA, der Verstorbene sagt, Du sollst Dich nicht so anstellen!" dann ist das auch echt mies. Nein, nein, wie kann man nur auf solche Ideen kommen? Das Einzige, was dem Betroffenen wirklich hilft ist doch, dass er selbst hinspürt, dass er selbst die Antworten auf seine quälenden Fragen findet und erhält, dass er bewegt und ergriffen wird von dem außergewöhnlichen Moment, wo Sie ihm helfen, den Kontakt mit dem Verstorbenen überhaupt erst zu ermöglichen. Darin liegt Ihre Leistung! Führen Sie den Betroffenen möglichst behutsam in die Situation des Kontaktes hinein. Der Rest ergibt sich von alleine. Geben Sie dem Betroffenen Zeit und Gelegenheit, seine Fragen an den Verstorbenen zu formulieren und zu stellen. Lassen sie Antworten absolut offen, die der Betroffene vom Verstorbenen erhält. So gut können Sie gar nicht sein, dass Ihre Eindrücke besser wären, als die ganz persönlichen Informationen, die der Betroffene in der Meditation erhält. Den Wert der erhaltenen Informationen können Sie meist erst nach der Meditation gemeinsam erkennen, im Gespräch über das soeben Erlebte. Glauben Sie mir.

Gehen Sie soweit als möglich aus dem Prozess raus. Werden Sie zum Begleiter und Beobachter und beschränken Sie Ihre Eingriffe in das Geschehen auf das absolute Mindestmaß. Dann haben Sie die besten Aussichten auf Erfolge.

Falls der Betroffene anfängt zu weinen, weil er gerührt ist durch die Begegnung mit dem Verstorbenen, dann dürfen Sie dafür sehr dankbar sein. Tränen sind immer ein Zeichen, dass sich etwas bewegt hat, dass etwas berührt wurde, was auch als erster und bedeutender Schritt für den beginnenden Heilungsprozess gewertet werden darf.

Tränen der Rührung und Erkenntnis sind willkommen.

Ein konkretes Beispiel, wie eine solche Heilmeditation durchgeführt wird, zu der man einen Verstorbenen hinzuzieht, finden Sie in dem kleinen Büchlein "Geisterjäger", falls Sie daran näher interessiert sind.

Falls Sie selbst eine solche Heilbehandlung für einen Patienten durchführen möchten und eine entsprechende Ausbildung haben, die Ihnen den Umgang mit Patienten erlaubt, dann nehmen Sie sich bitte diesen Tip von mir zu Herzen:

Betrachten Sie die Seelen der Verstorbenen genau so, wie sie diese Personen auch als echte, lebende Menschen betrachten würden.

Rechnen Sie mit den selben Charakterzügen, den selben Reaktionen, den selben Fehlverhalten und Gedankenmustern. Die Seelen können Ihre Gedanken wahrnehmen, Sie brauchen nicht laut mit ihnen sprechen - es genügt der rein gedankliche Kontakt.

Bleiben Sie aufgeschlossen und offen und respektieren Sie den Willen der Verstorbenen - immer. Dann haben Sie eine sehr gute Ausgangsposition für den Verlauf des Kontaktes.

Und wenn Sie aus dem Wunsch heraus, helfen zu wollen, tätig werden, so haben Sie auch Vertrauen, dass das, was sich daraus ergibt, ein gutes Ergebnis bewirkt - auch wenn Sie es vielleicht nicht sofort als solches erkennen.

Wenn Geister lieber bleiben

Es kommt schon auch mal vor, dass wir Spukgeister in einem Haus oder in alten Gemäuern finden, die eben nicht ins Licht gehen möchten. Die können durchaus auch ganz friedlich sein und niemanden erschrecken. Das ist eben so, wie bei den Menschen auch. Die einen jammern, wenn sie nicht im 5-Sterne Luxushotel übernachten dürfen und die anderen sind auch unter dem Sternenzelt glücklich und zufrieden, solange die Witterungsverhältnisse passen.

Genau so ist es auch mit Spukgeistern. Manche sind verzweifelt und verängstigt, zornig, wütend, ärgerlich. Mit denen ist es kein Spaß, weil sie ständig versuchen, Menschen zu erschrecken oder zu vertreiben. Sie projizieren ihre eigene Unzufriedenheit und ihren Frust dann auf die Lebenden. Und das kann sogar lebensgefährlich werden. Das ist kein Spaß.

Daneben gibt es aber auch diejenigen, die nicht ins Licht gegangen sind, weil sie ganz einfach noch ein bisserl da bleiben wollten. Die, denen es eben nichts ausmacht, wenn sie noch Jahrhunderte am selben Ort, meist in ihrer gewohnten Umgebung, in den geliebten Mauern, verweilen, und das Paradies eben noch warten lassen. Geister, die noch voller Interesse ihre Umgebung wahrnehmen und die durchaus aufgeschlossene Gestalten sind.

Solche doch recht angenehmen Zeitgenossen leben zum Beispiel im Schloß von Bertoldsheim. Bitte sagen Sie das jetzt niemandem weiter. Damals, 2006/2007, kurz bevor ich mein kleines Haus im Wald kaufen durfte, erfuhr ich, dass das Schloß in Bertoldsheim verkauft werden sollte. Oh Mann - ich liebe ja alte Burgen über alles. Schlösser muss ich jetzt nicht unbedingt haben, aber dieses Schloß war ja genau vor meiner Nase - damals wohnte ich in Burgheim. Einen Steinwurf weit entfernt.

Ich war einige Male in Bertoldsheim und bin um das Schloß gewandert, habe mir vorgestellt, wie das wohl wäre, die Räume dort als Museum für die Öffentlichkeit zugänglich zu machen, Konzerte darin zu veranstalten und Seminare zu geben oder durchführen zu lassen.

Ja, ich hatte so einige Ideen. Ehrlicherweise müsste man dazu aber auch anmerken, dass die arme Kirchenmaus nach der Scheidung ja nicht so genau gewusst hätte, wie sie das alles finanzieren sollte und wie das dann mit dem Vollzeitjob in der Computerfirma noch weitergehen sollte.

Na trotzdem - träumen darf erlaubt sein, so lange man sich darin nicht verliert. Allerdings ergab sich für mich bei meinen Wanderungen um das Schloß auch einmal die Gelegenheit, mit den mehr oder weniger unsichtbaren Bewohnern des Schlosses in Kontakt zu treten, und das war ja für mich das Interessanteste überhaupt.

Ich stand so da, am Eingangstor und blickte hinüber zum Hauptgebäude und irgendwie kam mir die Idee, mit den Geistern im Schloß zu sprechen. Normalerweise, wenn wir ältere Gebäude haben, dann ist die Wahrscheinlichkeit, darin den Geist eines Verstorbenen vorzufinden um so höher, je größer und je älter das Gemäuer ist. Das ist ganz normal.

Ich bat also um ein Gespräch und unterhielt mich mit den unsichtbaren Bewohnern des Schloßes. Diesmal war es für mich eine Erlösung, man kann es ja kaum glauben. Das überaus interessante und liebevolle Gespräch machte mir eines ganz klar: Die Geister selbst würden dafür Sorge tragen, dass das Schloß wieder in gute Hände kommt. Und sie strahlten eine sehr positive Zuversicht aus, was das anging.

So fiel es mir nach dem Gespräch auch sehr leicht, das Schloß loszulassen und mich wieder anderen Plänen zu widmen.

Dazu sollte man noch wissen: Meine Pläne zum Schloß waren ja schon so konkret, dass ich sogar schon eine Webseite mit dem Namen Schloss-Bertoldsheim.de auf meinen Namen angemeldet hatte. Auch diese Internet-Adresse habe ich nach dem Gespräch wieder losgelassen.

Selbstverständlich habe ich mich bei den Geistern bedankt, das haben Sie sicher schon geahnt. Und ich habe Ihnen auch alles Gute gewünscht. Heute ist das Schloß tatsächlich verkauft und hat gute, neue Besitzer. Siehst Du - die Geister wussten das doch.

Damals hatte ich auch mit der Gräfin Eva du Moulin-Eckart persönlich telefoniert, der das Schloß zuvor gehörte. Eine interessante Frau, obwohl ich viel zu schüchtern war, sie näher auszufragen. Doch glauben Sie mir, eine ältere Gräfin, die ein Schloß besitzt, ist mit absoluter Sicherheit ein sehr interessanter Mensch und es wäre mir eine Ehre gewesen, diese Frau näher kennen zu lernen. Von Menschen, die ein außergewöhnliches Leben führen - egal wie groß oder klein dieses Leben erscheinen mag - kannst Du ganz viel lernen.

Ja, die Geister im Schloß Bertoldsheim sind da mit allergrößter Sicherheit immer noch vor Ort. Im Moment gibt es ja Anzeichen, die darauf hindeuten, dass es sich möglicherweise ergeben könnte, dass ich die neuen Schloßbesitzer tatsächlich einmal kennen lernen könnte. Sie merken schon, wie vorsichtig ich das ausdrücke. Weil es eben nur Zeichen und Möglichkeiten sind. Doch wie ich den kosmischen Humor und diese ganzen Zusammenhänge inzwischen begreife, wäre es mir mit Sicherheit eine helle Freude, auch die Geister wieder wahrzunehmen. Ich trage immer noch eine ehrlich empfundene Dankbarkeit in mir, dass Sie damals so offen, freundlich und ehrlich mit mir gesprochen haben.

Wenn irgend jemand jemals etwas Schlechtes über diese Geister sagen sollte, dann - und das meine ich ganz ernst - würde ich mich auch irgendwie berufen fühlen, meine Worte für diese Geister sprechen zu lassen.

So, wie ich sie kennen lernen durfte, sind es freundliche und angenehme Mitbewohner und ich finde es absolut okay, wenn sie im Schloß bleiben.

In Nürnberg gibt es ja auch ein Haus, in dem der Erbauer und spukende Bewohner auch nach meinem Besuch noch geblieben ist. Darüber habe ich ja ebenfalls in meinem kleinen Büchlein "Geisterjäger" vor Jahren schon berichtet.

Es sollte nie unser Ziel sein, wenn wir mit Verstorbenen arbeiten, alle Geister zu verjagen und ins Licht zu bekommen. Das ist nicht Sinn der Sache. Für mich liegt der Sinn der Sache viel eher darin, eine friedvolle Lösung zu finden, mit der alle Beteiligten zufrieden sein können oder besser noch, zufrieden sind. Gelingt das, dann ist es auch absolut okay, wenn ein Spukbewohner bleibt.

Warum denn auch nicht?

Geister haben ihren eigenen Willen und Charakter, genau wie die lebenden Menschen. Wenn Sie im Allgemeinen mit den Lebenden, auch in schwierigen Situationen, gut zurecht kommen, dann sollte das mit den verstorbenen Wesen auch funktionieren.

Und falls es doch einmal Probleme mit einem Spukgeist geben sollte, dann fragen Sie sich bitte, ob Sie auch an die schützende Lichtkugel gedacht haben und warum Sie sich nicht professionelle Hilfe geholt haben.

Der Kontakt mit Spukgeistern ist faszinierend, spannend und auch sehr lehrreich. Lassen Sie sich helfen, wenn Sie am Anfang noch unsicher sind. Gemeinsam lernt man schneller.

Das Diesseits

Das Diesseits. Wenn wir geboren werden kommen wir mit leeren Händen zur Welt und bringen unseren eigenen Charakter mit. Mit dabei haben wir auch unsere Talente, unsere ganz persönliche geistige, seelische und körperliche Konstitution.

Ab dem Tag unserer Geburt können wir beginnen, das Diesseits zu erforschen und unsere eigenen Erfahrungen in dieser physischen Welt zu sammeln. Das ist für jeden von uns ein ganz persönlicher und individueller Weg und ich glaube, je mehr wir es lernen, auf diesem Weg auch unsere eigenen Empfindungen, seien es Gedanken oder Gefühle oder auch unsere Intuition, bewusst wahrzunehmen, desto mehr sind wir wohl auch in der Lage, zu erkennen, was in unserem Leben wirklich zählt, worauf es ankommt, und was wir selbst als unseren ganz persönlichen Sinn im Leben sehen.

Was ist der Sinn des Lebens? Diese Frage stellt sich sicher jeder Mensch immer wieder mal im Leben. Viele verzweifeln am Leben, weil sie Grausamkeiten, schreckliche Taten von Mitmenschen, schlimme Unfälle oder den Verlust liebgewonnener Mitmenschen einfach nicht verstehen oder akzeptieren können. Dann fragen Sie "Warum lässt Gott das zu, wenn es ihn gibt?" Nun, ich werde Ihnen diese Antwort hier nicht geben. Ich kann nur für mich persönlich sprechen: Ich versuche in allem, was geschieht, den Sinn dahinter zu erkennen. Ob es mir jemals gelingt oder ich mit meinen Erkenntnissen in einer großen Seifenblase lebe, das weiß ich nicht. Doch ich strebe immer wieder danach, nach dem Sinn zu forschen, nachzudenken, hinzufühlen, um zu verstehen, warum die Dinge passieren, so wie sie eben kommen.

Ein kluger Mensch hat mal gesagt: "Man muss das Leben nehmen, wie es kommt." Das war mein Opa väterlicherseits.

Und ein anderer kluger Mensch, ein erfolgreicher Industrieller, hat den Zusatz gemacht: "Aber man darf es nicht so lassen!" und da stimme ich aus vollem Herzen zu. Wir sind aufgefordert jeden unserer Tage aktiv am Leben teilzunehmen und das daraus zu machen, was wir uns daraus wünschen. Das bedeutet, wenn wir in der Wüste leben und es gefällt uns nicht, dann müssen wir es zunächst einmal so akzeptieren und annehmen. Und dann sollten wir so schnell als möglich anfangen, diese Wüste zu bepflanzen und die Pflanzen mit Wasser zu versorgen. Und dabei dürfen wir alles einsetzen, was wir haben. Wir können kreativ werden, uns informieren, welche Pflanzen am besten gedeihen werden und wie wir das Wasser zu den Pflanzen bekommen werden. Wir können uns überlegen, wie wir das alleine schaffen oder wie es uns gelingt, auch unsere Mitmenschen von der Idee zu begeistern, damit wir es gemeinsam etwas leichter und wohl auch schneller und besser hinbekommen.

Darum geht es doch, das Leben kreativ jeden Tag so anzupacken, wie wir es uns wünschen und vorstellen. Das ist Leben!

Gestern ist Stephen Hawking gestorben. Er sagte, der Mensch solle den Mond besiedeln. Er hat auch die ganzen Probleme hier auf unserer Erde erkannt und davor gewarnt. Ich denke auch, es ist allerhöchste Zeit, dass die Menschen, auch wenn sie in einem Kuhdorf leben, endlich begreifen, wie wichtig unsere Natur ist und dass wir alle, jeder Einzelne von uns, dafür Sorge tragen sollten, der Natur wieder mehr Raum zu geben, um zu wachsen und das zu tun, wofür sie da ist: Uns Menschen eine Heimat zu erschaffen. Wir sollten aufhören von "Pflanzenschutzmitteln" zu sprechen. Es sind "Pestizide". Im Wort Glyphosatan steckt der Teufel.

Ja, ich stimme Stephen Hawking uneingeschränkt zu. Der Mensch sollte so bald als möglich anfangen, den Mond zu besiedeln.

Das wäre der Beginn der Erkenntnis, was die Natur den Menschen doch schon seit Jahrtausenden jeden Tag aus freien Stücken schenkt. Denn das alles müsste sich der Mensch in der Staubwüste auf dem Mond ohne Atmosphäre erst in langen Jahren erarbeiten, mühevoll und ohne Erfolgsgarantie. Ich denke, das würde das Bewusstsein und die Wertschätzung für unsere Erde nachhaltig steigern können.

Ja, unser Diesseits, die große Herausforderung, die gemeinsame Spielwiese, die wir Menschen uns mit den Tieren, Pflanzen, Mineralien und sonstigen Lebensformen teilen.

Ein ganz wesentlicher Punkt ist bei all der Sache der eine: Mit dem Moment, wo wir unser Leben im Diesseits beginnen, schon im Mutterleib, wenn unsere Seele sich mit dem Körper verbindet, wird unser Gedächtnis gelöscht. Unsere Erinnerung an frühere Leben und das Jenseits wird auf Null gesetzt. Neuanfang. Das Konzept ist richtig geil. Wie so ein kleines Dummerle liegen wir nun da, nackig, und sind dieser Welt ohne irgendetwas in den Händen beigetreten.

Und ab dem Tag unserer Geburt liegt es dann an uns, ob wir ein Dick oder Doof sind, ein Einstein oder Hawking. Jeder von uns hat seine Talente mitgebracht, jeder von uns hat einen ganz persönlichen hohen Wert, den es zu erkennen und zu leben gilt. Niemand ist mehr wert als jeder Einzelne von uns, egal an welcher Stelle er steht.

Twitter, finde ich, ist ein großartiges Konzept. Die Stars und Sternchen und sogar der Präsidentenclown von den Vereinigten Staaten von Amerika sind dort zum Greifen nah. Sie geben ihre Kommentare ab, wir können in "Echtzeit" miterleben, was sie dort schreiben und auch ein wenig erfahren, wie diese Menschen denken und fühlen. Das Großartige dabei ist, dass jeder auf Twitter eigentlich den gleichen Status hat. Wir sind dort alle miteinander auf einer Ebene verbunden.

Na ja - es ist allerdings auch so, wie im echten Leben, den "Wichtigen" hört man zu und folgt man, den Millionen kleinen Menschen folgen nur sehr wenige. Doch das ist nicht das Entscheidende. Das Entscheidende ist doch, dass jeder Mensch, und auch ein Donald Trump ist ja nur ein Mensch, der genauso nackig mit mehr oder weniger speziellen Talenten zur Welt gekommen ist, dass also jeder Mensch die selben Möglichkeiten hat, die Welt anzunehmen und dort irgend etwas kreativ zu verändern. Mitmischen, machen, hier sein, leben. Auch wenn es eine kleine schwarze Frau aus dem Dschungel in Afrika ist, die sich erhebt und für die Rechte der Frauen dort kämpft! Auch wenn es eine vergewaltigte und mit Säure bespritzte Frau aus Indien ist, die wieder aufsteht, dem Täter verzeiht und dann die Stimme für das Recht ihrer Mitmenschen sprechen lässt. Jeder, egal wie unbedeutend und klein er oder sie noch bei der Geburt erscheinen mag, hat das Potential diese Welt aus den Angeln zu heben. Im positiven, wie im negativen Sinne. Deshalb sollten wir immer und so schnell als möglich uns darum bemühen, jeden Tag ein bisschen besser zu verstehen, was gut für unser Leben hier auf Erden, im Einklang mit allen Lebewesen und der Natur, ist.

Wir haben dieses eine Leben, jetzt, bekommen, um etwas daraus zu machen. Und wir sind frei in unseren Entscheidungen, wie wir dieses Leben annehmen und gestalten wollen. Jeden Tag. Der arme Mensch kann auch mit seinem Bewusstsein und seiner Tatkraft etwas dazu beitragen, seine Armut zu bekämpfen, falls er sich daran stört. Ob er das durch Arbeit oder einen Bankraub macht ist seiner freien Entscheidung überlassen. Wir stehen ja auch immer im Verbund der Gesellschaft und werden vom Kollektiv für unsere Taten auch entsprechend gewürdigt. Entweder dadurch, dass die Menschen uns lieben oder dadurch, dass sie uns verfolgen und bestrafen. Es ist immer ein Miteinander.

Je mehr der Einzelne aus einer liebevollen Haltung heraus den Mitmenschen schenkt und gibt, um so mehr wird dieser Mensch zurückbekommen in Form von guten Wünschen, positiven Gedanken oder auch Geld. Als Beispiel seien nur die Musiker genannt, Elvis oder Michael Jackson. Sie haben der Welt Lieder geschenkt und wurden dafür geliebt. Oder Brad Pitt, Patrick Stewart, Cher, Clint Eastwood, Steven Spielberg usw. All diese Menschen tun doch nur das, was Ihnen am meisten am Herzen liegt und geben dabei den Mitmenschen so unbeschreiblich viel. Und genau das ist es. Wir tun, was wir wollen, was uns wichtig ist und die Welt zeigt uns, wie es dort ankommt. Jeder von uns, egal wie groß oder klein er seinen Mitmenschen erscheinen mag, leistet seinen ganz persönlichen Beitrag im Universum, damit es zu dem werden kann, was wir täglich hier erleben und erfahren können und dürfen. Jeder von uns ist dort, an seinem Platz, mit seinen ganz persönlichen Eigenschaften, Talenten, seinem Charakter usw. wichtig und genau richtig.

Auch wenn wir sehr viele echte Arschlöcher unter uns haben, es kommt eben auf das Gesamtbild an und die vielen Möglichkeiten, dass wir aus allem, was wir beobachten, lernen können. Und genau das sollten wir tun: Lerne, aus allem, was Du beobachtest. Das hat ein bedeutender Cherokee-Indianer gesagt, Chad "Corntassel" Smith. Einer der ganz großen Häuptlinge der Nation der Cherokee. Falls Sie ihn nicht kennen ist das genau ein Zeichen dafür, dass Bekanntheit alleine kein Maß für Größe ist.

Unser Diesseits ist die tägliche Einladung an uns, unser Leben so zu gestalten, dass wir selbst - im Zusammenspiel mit der Welt - etwas Kreatives, Schöpferisches daraus machen.

Zu Beginn steht unsere Geburt, wir kommen mit einem gelöschten Verstand. Wohlgemerkt sind alle unsere Erinnerungen an frühere Leben schon mit dabei.

Wir können dieses Wissen auch wieder freilegen über verschiedene Methoden. Auch das steht uns offen. Wir können alles Erforschen, auch das, was wir in der Schule nicht lernen. Über Meditation gelangen wir in innere Bereiche, wir können unsere Intuition erwecken, unsere Empathie und noch viele andere innere Schätze entdecken und freilegen. Wie gesagt - wir sind schon reich ausgestattet bei der Geburt und es liegt in unseren Händen ganz alleine, was jeder von uns daraus macht. Unsere Einstellung zum Leben, unsere Gedanken und WIE wir denken haben großen Einfluss darauf, wie unser Leben sich formt. Wir sind der Samen für die Blume unseres eigenen Lebens. Und wenn wir als Samen auf den steinigen Boden der Wüste fallen, so können wir uns ja immer noch in einen Kaktus verwandeln. Die Natur ist immer auf unserer Seite, um uns bei unserer Verwandlung zu unterstützen. Denken Sie da ruhig mal drüber nach.

Noch ein Wort zur Natur: Ich bin fest davon überzeugt, wenn Sie ein gesundheitliches Problem haben, dann lässt die Natur ein Heilkraut in Ihrer unmittelbaren Nähe wachsen. Sie brauchen nicht bis auf die Philippinen reisen, um dort nach irgendwelchen Heilern zu suchen, die Ihnen dann mit blutigen Händen die Geschwulst aus dem Bauch popeln. Glauben Sie mir. Es reicht ein Blick in Ihren Garten. Bereits in der Natur ist das ganze Wissen enthalten, das wir brauchen, damit unsere Seele wieder gesund wird. Wir können nicht jede körperliche Krankheit heilen oder in den Griff bekommen. Auch bei mir musste letztlich die linke Linse aus dem Auge entfernt werden, weil der graue Star eben nicht "geheilt" werden konnte. Zumindest habe ich keinen Weg gefunden, die eingetrübte Linse wieder klar zu bekommen. Doch ich durfte lernen, aus dem, was ich beobachtet habe.

Kurze Erklärung hierzu: Ich lebte damals in Stammham und meine Ehe war eine Katastrophe, eine Qual, das reinste Fegefeuer.

Zum Glück wird mir das angerechnet, wenn ich einmal sterbe !! Nun, die Linse in meinem linken Auge entwickelte eine Eintrübung, wen wundert das schon? Linke Seite, weibliche Seite, Privatleben. Wenn Du etwas nicht mehr länger mit ansehen kannst, dann kann das schon auch blind machen. Bereits 2003 hat mir eine Augenärztin in Ingolstadt, in der Praxis der Frau Dr. Amberger, gesagt: "Die beiden Augen gehören zusammen. Sie werden in den nächsten Monaten auch auf dem rechten Auge einen grauen Star bekommen. Wenn Sie sich nicht operieren lassen, dann sind Sie in drei Monaten blind!" Ich war so geschockt, das kann sich nur jemand vorstellen, dem schon etwas Ähnliches passiert ist.

Blind in drei Monaten! Das war eine deftige Prophezeiung. Ich habe mich damals dazu entschlossen, diese schlimme Prophezeiung ganz bewusst nicht anzunehmen. Statt dessen machte ich mich auf den Weg, eine ganzheitliche Lösung für das Problem zu finden. Ich machte mich auf die Suche und habe auf diesem Weg eine ganze Reihe sehr interessanter Menschen kennen gelernt.

Und eines Tages entdeckte ich neben dem Komposthaufen eine große Pflanze, die dort vorher nicht war. Die Nachforschungen haben ergeben, dass es sich um Schöllkraut handelte. Vom Schöllkraut sagt man ja, dass die Vögel die Blätter und deren Saft nutzen, um den Neugeborenen Vögeln damit die Augen zu öffnen. In jedem Fall hat das Schöllkraut einen Bezug zu Augen. Und egal, ob es nur ein Spiegel für meine gesundheitliche Situation war oder der Versuch der Natur, mir ein Heilmittel anzubieten. Ich hatte jedenfalls den Eindruck, dass diese Pflanze dort nicht zufällig wuchs, sondern dass die Natur diese Pflanze als Antwort auf mein körperliches Augenproblem dort hat wachsen lassen. In meiner unmittelbaren Umgebung.

Wenn Sie einmal in Ihrem Leben diesen "Verdacht" haben, dann bleiben Sie aufmerksam für so etwas.

Und im weiteren habe ich noch so einige andere Indizien gesammelt, die mich heute voller Gewissheit sagen lassen: "Ich bin fest davon überzeugt, dass, wenn Sie eine Krankheit haben, die Natur dafür ein Heilkraut in der unmittelbaren Nähe Ihres dauerhaften Aufenthaltsortes wachsen lässt. Extra für Sie." Wenn Sie das erkannt haben, dann erkennen Sie auch, wie liebevoll die Natur um jeden Einzelnen von uns bemüht ist. Es ist gleichsam ein Gesetz des Gleichgewichtes. Ein Mensch hat ein Problem und benötigt Hilfe. Die Waagschale senkt sich. Die Natur gibt Ihren Beitrag dazu, ganz selbstverständlich, und legt das Heilkraut in die andere Waagschale, damit das Gleichgewicht wieder hergestellt werden kann. Es liegt ja nur an uns, das zu erkennen.

Im Folgenden, durch diese Erkenntnis angespornt, habe ich noch so manche Heilpflanze in der Natur entdeckt.

Bei einem Waldspaziergang ist mir ein Baum aufgefallen, der rings um seinen Stamm rundherum seine Rinde am Boden liegen hatte. Er hatte sich aus irgendeinem Grund regelrecht geschuppt. Ich habe nach der Antwort auf die Frage gesucht, was das bedeutet und bekam zur Antwort: Die Kiefer ist ein Baum, dessen Rinde als Tee oder Tinktur gut für die Haut ist. Neurodermitis wäre da eine Anwendungsmöglichkeit und ich selbst habe die Rinde einer Kiefer schon genutzt, um eigene Hautprobleme zu lindern, mit Erfolg.

So bin ich ja auch darauf gekommen: Manche Menschen sprechen vom "verlorenen Wissen." Glauben Sie mir eines, auch wenn die Menschen so dumm sind, die guten alten Bücher, die wertvolles Wissen enthalten, zu vergessen, zu verlieren oder zu verbrennen, Wissen geht nicht verloren.

Die Pflanzen, und in unserem Beispiel eben der Baum, oder das Heilkraut oder die feinstofflichen Wesen, die sich um so ein Kraut kümmern, sie alle kennen dieses "Wissen", sie wissen, welche Geheimnisse und Wahrheiten eben dort in der Natur zu finden sind.

Wir kommen schon wieder vom Thema ab, aber so ist das Leben. Einfach mal alles zulassen. Den Wert erkennen Sie dann, wenn Sie dafür bereit sind.

Bitte verurteilen Sie nicht wieder dieses Buch, wenn Sie es vielleicht jetzt noch nicht verstehen sollten oder wenn Sie es sich anders vorgestellt hatten. Ich habe angefangen, dieses Buch zu schreiben, weil ich zuvor eine Rezension erhalten hatte, das Büchlein "Geisterjäger" wäre ein Witz und man könnte den Inhalt in einem Satz schreiben.

Den einen Satz hat der Rezensent nicht hingeschrieben, das fand ich sehr schade, doch ich habe mir die Rezension zu Herzen genommen.

Dieser Leser hatte einfach eine andere Vorstellung von dem Buch. Er dachte er bekommt für unter 5 Euro einen Geisteralmanach oder so was Ähnliches.

Na ja, egal ich sollte mich ein wenig zügeln, denn im Grunde bin ich ja dankbar. Dieser Leser hat bei mir ausgelöst, dass ich mir sagte: "Junge, das kannst Du besser. Schreib ein Buch über Geister, das den Menschen noch mehr hilft, diese Sachen zu verstehen." Es war der Anfang zu diesem Buch.

Eigentlich hätte dieses Buch, und das habe ich ja schon angemerkt, eine umfangreiche philosophische Betrachtung werden sollen. Gemeinsam mit der Sterbeamme wollten wir die Fragen erörtern "Wo komm ich her, wo geh ich hin.", und ich hatte mich schon so sehr auf die wertvollen Erfahrungen und Erkenntnisse dieser Sterbeamme gefreut.

Na, Sie wissen ja schon, dass daraus nichts geworden ist und das Leben diesen Plan umgeschrieben hat.

Man muss das Leben nehmen wie es kommt, aber man darf es nicht so lassen.

Und nun haben Sie eben dieses Buch in der Hand, wo ich immer wieder vom Thema abschweife und Ihnen damit alle Ihre Erwartungen umwerfe.

Die Frage ist aber doch: Ist es nicht auch irgendwie philosophisch zu sehen, dass Sie vielleicht in diesem Buch nicht nur Informationen darüber finden, wie man Spukgeister in die Lichtsäule bringen kann, sondern auch dazu, dass Sie mal in den eigenen Garten schauen, wenn Sie ein gesundheitliches Problem haben sollten? Ich meine ja nur - Sie brauchen nicht alle möglichen Bücher zusammensuchen, wenn Sie rein "zufällig" noch ein paar extra Tipps in diesem Buch bekommen.

Vielleicht sagen Sie nach der Lektüre ja auch: "Der Autor hat ja total das Thema verfehlt! Das Buch ist ein Witz. Es ist viel dicker als das erste Geisterjäger-Buch, aber ich habe es mir trotzdem wieder einmal völlig anders vorgestellt." Und vielleicht sagen Sie dann im zweiten Halbsatz: "Aber wissen Sie was? Es ist trotz allem ein Buch, das mich ein kleines Stück weit bereichert und mir weitergeholfen hat. Für mich hat es sich gelohnt, das Buch zu lesen. Das hätte ich ja nicht gedacht." Das würde mich freuen.

Und wenn Sie sich dann noch dazu hinreißen ließen eine Rezension zu schreiben, wie etwa: "Ein echt überraschendes Buch, nicht nur über Spukgeister. Ich hatte es mir anders vorgestellt und wurde echt positiv überrascht." Oder schreiben Sie einfach, was Sie meinen. Ich hoffe ja nur, Sie haben auch ein paarmal Grund zum Lachen, wenn Sie dieses Buch lesen, denn das ist ja sowieso das Allerwichtigste. Wer nicht mehr lacht hat die Türe sperrangelweit für alle möglichen Krankheiten offen. Und wissen Sie was noch? Auch der Tod lugt schon herein, wenn er sieht, dass ein Mensch nicht mehr lacht.

Ich habe mal auf einem Vortrag folgende Worte von mir gegeben:

"Mit jeder Zigarette, die Sie rauchen, verkürzen Sie Ihr Leben um 11 Minuten. Mit jeder Minute, die Sie mir zuhören, kommt Ihr Tod ebenfalls eine Minute näher auf Sie zu."

Die Menschen im Saal bekamen richtig große Augen und ich konnte die Panik förmlich wie Knistern in der Luft spüren, die sich im Publikum breit machte. Und dann sagte ich noch: "Und wissen Sie auch, dass die Chinesen sagen - wenn Sie eine Minute Lachen, verlängert das Ihr Leben um eine Stunde. Also - machen Sie das Beste daraus und lachen Sie ruhig mal wieder!" Die Panik löste sich spürbar schnell auf und Erleichterung erfüllte den Saal.

Sehen Sie - es gibt ja so vieles, was uns Angst machen kann, oder was uns verzweifeln lassen kann, und doch gibt es immer auch passende Gegenstücke, die alles wieder ins Gleichgewicht bringen, seien es die richtigen Heilkräuter, die richtige Erkenntnis, oder einfach ein richtig guter Witz. Ich diesem Sinne muss ich jetzt doch glatt auch ein wenig lachen, wenn ich an die Worte des Rezensenten denke: "Das Buch ist ein Witz!" Hey, das ist Klasse. Das Geisterjäger-Buch gekauft für unter 5 Euro, kräftig darüber gelacht beim Lesen und damit das Leben deutlich verlängert. Da soll nochmal einer sagen, dass nicht in Allem auch immer der Samen für etwas Gutes liegt. Es kommt ja nur darauf an, ihn zu entdecken.

Und wie trocken wäre doch dieses Buch, wenn es nur rein sachlich, fachlich korrekt geschrieben worden wäre. Es ist ja gerade dieses Experiment, dass durch dieses "freie Schreiben" die Gedanken ganz natürlich fließen und die Worte ihren Weg auf die Blätter ganz von alleine finden. Die Idee dazu kam von einer "kleinen Hexe", die für mich eine ganz Große ist. Dafür bin ich immer noch sehr dankbar! Es kommt eben immer wieder darauf an, dass wir die schönen Dinge im Leben eben auch bemerken, wenn sie uns begegnen - und dass wir dann etwas daraus machen, das unserer individuellen, einzigartigen Kreativität und unserem innersten Wesen am besten entspricht.

Das waren die Worte zum Diesseits. Ich hoffe, Sie konnten wenigstens ein bisserl darüber lachen.

Die Zwischenwelt

Ja, ich habe mich infizieren lassen. Mit diesem Schreibvirus. So wie es eine ansteckende Gesundheit gibt, so gibt es wohl auch die ansteckende Inspiration. Die kleine Hexe Anke, ich hoffe Sie verzeiht es mir, wenn ich sie so nenne, aber ich habe das Buch "Die kleine Hexe" damals als allererstes Buch aus der Schulbibliothek ausgeliehen, kaum dass ich damals schon lesen konnte. Die hatte doch einen Raben, den Abraxas, oder? Wenn ich mich recht erinnere. Es ist ja schon über ein halbes Jahrhundert her, fast. Ich muss das jetzt mal kurz googeln, einen Moment bitte... Ottfried Preußer glaub ich, hat das Buch geschrieben, Moment bitte, gleich wissen wir es genau.

Ah - es ist ja so schön, dass es den Google gibt. Also: Das Buch heißt "Die kleine Hexe" und ist von Otfried Preußler. Und schon sehe ich auch das zweite Buch, das ich damals als Erstklässler oder Zweitklässler gelesen habe: "Das kleine Gespenst", auch von Otfried Preußler. Wissen Sie was? Gerade habe ich mein Leben wieder verlängert, ich musste so lachen, als ich das gesehen hab, denn vor dem googlen dachte ich noch: "Mensch, da war doch noch ein zweites Buch, das ich damals gelesen hab. Was war das denn noch gleich für eines?" Ja, jetzt weiß ich es wieder - es war "Das kleine Gespenst."

Irgendwie haben mich diese Themen doch schon immer interessiert, merken Sie was?

Wissen Sie was? Das dritte Buch, gerade sehe ich es auf Amazon, nennt sich "Der kleine Wassermann", das hab ich damals auch gelesen. Und jetzt, wenn Sie mich schon ein klein wenig kennen, dann wissen Sie, was ich jetzt mache... In mir macht sich so ein Gefühl auf, es fühlt sich an, als ob Tränen kommen, doch es ist keine Trauer. Es fühlt sich so an, als ob man etwas gefunden hat, nein, als ob ich etwas gefunden habe, was ich längst vergessen hatte.

Ein Stück Kindheit, und die Tränen, die jetzt schon in meinen Augen sind, kurz vor dem Rauskullern, die sagen mir, ja, ich hatte eine sehr schöne Kindheit. Wir waren arm, sehr arm und doch war ich zuhause glücklich. Ich wünsche wirklich, und das meine ich jetzt mit der größten Ernsthaftigkeit, zu der ich fähig bin, ich wünsche wirklich, dass jeder Flüchtling, egal, wo er herkommt und warum er flüchten musste und dass jedes Flüchtlingskind auf unserer Erde dieses Gefühl bitte kennenlernen darf, was es bedeutet, ein schönes "Zuhause" zu haben. Es ist so viel wert und es bleibt Dir ein Leben lang, irgendwo ganz tief drin erhalten.

Den Menschen, die Krieg und Tod über andere bringen, ganz egal als was, ob sie als Politiker Kriege anzetteln oder als Islamist oder Mörder andere Menschen umbringen, diesen Menschen wünsche ich, dass sie das Leid, das sie anrichten tausendfach selbst ertragen müssen, hier, in der Zwischenwelt oder im Jenseits oder in den folgenden Leben. Ich weiß ja gar nicht, ob ich diesen Satz hier stehen lassen soll, weil er mir meine Kindheitserinnerungen jetzt doch ein wenig zerstört hat. Aber so ist das mit den Gedanken. Die lassen sich ja nicht immer steuern. Doch ich möchte zurück zu Otfried Preußler mit seinen Büchern, die ich als Kind gelesen habe. Ganz nebenbei bemerkt: Den Räuber Hotzenplotz konnte ich nie leiden. Den glaube ich, habe ich nicht gelesen, oder doch? Falls ja, dann hab ich das erfolgreich verdrängt. Sag mal, was hatten wir damals eigentlich für Bücher in der Schulbibliothek in Etting? Heute würde man wohl eine Verschwörung und den Versuch der Gedankenwäsche dahinter vermuten aber ich finde es ganz ehrlich so: Diese Bücher haben mir ein Stück weit auch geholfen, die Welt mit positiven Augen zu sehen. Aus meiner Sicht sind es sehr schöne Kinderbücher. Wilhelm Busch hatten wir auch zuhause, das haben meine Eltern besorgt.

Meine Mutter hatte zwei richtig dicke Wälzer, da war alles von Wilhelm Busch drin, alle Texte, alle Zeichnungen, Max und Moritz und so. Die Bücher habe ich auch immer wieder angeschaut, aber mal ganz ehrlich: Der Wilhelm Busch ist ja schon sehr altbacken gewesen, damals schon. Und die Geschichten hat mir meine Mutter wohl nur vorgelegt, damit ich mir die Fingernägel schneiden lasse und nicht so frech werde, wie der Max und der Moritz. Beeindruckt und interessiert hat mich das Geschreibsle vom Busch-Mann ja eher nicht.

Die kleine Hexe jedoch und das kleine Gespenst, die habe ich geliebt. Und jetzt bin ich wieder da, wo ich vorhin abgeschweift bin. Wenn Sie mich jetzt schon ein kleines bisschen kennen, dann wissen Sie, was ich jetzt mache - Achtung...

So - erledigt. Na, kommen Sie drauf, was ich jetzt gemacht habe? Ja, ich habe mir gerade eben die 3 Bücher vom Otfried bestellt, also nicht den Hotzenplotz, sondern den Wassermann und die anderen beiden. Genau. Und so ist es eben, wenn wir spontan sind, dann leben wir im Einklang mit uns selbst. Nur der Kopf sollte leise sein oder wenn er was sagt, dann nur "Ja".

Bin schon sehr gespannt, wie es sich wohl "anfühlt" nach fast 50 Jahren, diese Bücher noch einmal in die Hände zu bekommen und zu lesen - und wohl gemerkt, damals hatte ich mich selbst dazu entschieden, die zu lesen. Die Busch-Wälzer hab ich ja oft nur aus Langeweile durchgeblättert, die haben mich ja nicht wirklich interessiert, genauso wenig wie der Struwwelpeter oder der fliegende Robert. So einen Schmarrn würde ich mir heute auf gar keinen Fall nochmal bestellen! Ich finde, wenn es um Bücher geht oder um Inhalte, da sollte man seiner Seele schon die richtige Kost anbieten.

Bücher, die helfen, Dinge besser zu verstehen, Bücher, die Freude machen und auch etwas Positives vermitteln.

Bücher, die man am Ende mit einem guten Gefühl wieder wegstellt, im Glauben daran, dass es gut war, die Zeit für so ein Buch zu investieren.

Inspiration, wenn das Herz berührt wird, das ist das Richtige. Bei Wilhelm Busch waren die Kinder ja nur frech, also Max und Moritz, und am Ende wurden sie mit dem Tode dafür bestraft, als der Bäcker sie zu Vogelfutter verarbeitet hat. Da arbeitet man doch mit der Angst der Kinder, um sie zu "guten und braven" Kinder zu erziehen, beinahe hätte ich erzwingen geschrieben.

Die kleine Hexe hatte es auch nicht leicht und trotzdem, so weit ich mich erinnere, hatte sie ein gutes und schönes Leben. Das sind doch die wirklich positiven Bücher, oder? Und der Rabe heißt tatsächlich Abraxas - ein Hoch auf mein kindliches Gehirn. Alzheimer, leck mich. Bei mir funktioniert noch alles, so, wie es soll. Danke !!!

Nun, wie gesagt, die "kleine Hexe" Anke hat das bei mir ausgelöst. Die schreibt einfach, wie ihr der Schnabel gewachsen ist und ich bin von ihrem Buch "Bienengflüster ohne e" so begeistert worden, dass der Schreibstil, dieser Funke, auf mich übergesprungen ist und mich total in Flammen gesetzt hat.

Früher, bei den bisherigen Büchern, da habe ich immer sooo viel überlegt. Wie schreibt man das denn, dass es möglichst professionell klingt? Was meinen Sie, welche Anstrengungen es gekostet hat, den "Geisterjäger" zu schreiben, dieses kleine Büchlein mit seinen wenigen Seiten für unter 5 Euro. Und dann kommt da nur - Achtung ich zitiere - "ein Witz!" heraus. Sehen Sie, man kann sich noch so sehr bemühen, es nutzt doch alles am Ende nichts, wenn es beim Leser nicht ankommt. Heute habe ich so viel Spaß beim Schreiben und die Tastatur klappert und klappert ohne Unterbrechung vor sich hin und die Seiten füllen sich.

Haben Sie mal den Film mit Sharon Stone gesehen, wo sie die "Muse" spielt - der ist echt Klasse. Genau so geht es mir, da hat mich die Muse erwischt oder wie man das sagt ohne dass es peinlich klingt. Und da schreibe ich jetzt schon die ganze Zeit über die Zwischenwelt und bin noch nicht einmal auch nur einen Satz wirklich beim Thema gewesen. Uuups. Aber Sie glauben gar nicht WIE OFT ich jetzt schon mein Leben verlängert habe beim Schreiben. Mir tut schon der Bauch weh.

Vielleicht habe ich ja Glück und fange mir wieder ein paar von diesen "Das ist ein Witz!" Rezensionen ein. Nur bitte immer fünf Sterne dazu geben, wenn es ein guter Witz ist, gell?

So, damit ich nicht ewig leben muss, möchte ich jetzt dennoch endlich mal wirklich zum Thema kommen. Man kann es ja auch übertreiben mit dem "Leben verlängern" auf die chinesische Art, wenn Sie wissen, was ich damit meine. Na mit Lachen. Dachte ich mir. Sie wussten es. Hätte ich nicht nochmal schreiben müssen. Mein Fehler, habe Sie unterschätzt. Soll hoffentlich nicht nochmal vorkommen. Ach, vergessen Sie's.

Die Zwischenwelt. Ein schwieriges Thema, oder? Genau hier wäre jetzt das Wissen der Sterbeamme gut. Wie sieht das aus, wenn ein Mensch stirbt? Was genau passiert dann, wie ist das? Ich kann nur so viel sagen: Als mein Vater gestorben ist, hatte ich das große Glück, seine Hand zu halten und ob Sie es mir glauben, oder nicht: Ich habe es gespürt, als seine Seele den Körper im Augenblick des Todes verlassen hat. Also in seiner Hand habe ich es gespürt. Tatsache. Das hatte ich vorher nicht gewusst, dass man das spüren kann und so eine "Gelegenheit" zu erfahren, wie das Leben und Sterben sich tatsächlich anfühlt, bekommen wir ja (Gott sei Dank?) nicht alle Tage. Es sind ganz seltene Momente, in denen wir, wenn überhaupt, solche Erfahrungen sammeln können.

Wie gesagt - ich hab es gespürt in der Hand meines Vaters, dass sich in diesem Augenblick des Sterbens etwas aus der Hand gelöst hat. Besser kann ich das nicht beschreiben.

Es gibt zahlreiche Berichte darüber, wie Menschen, die klinisch sterben, und später zurückgeholt werden, berichten, dass Sie ihren Körper verlassen haben und dann über dem Körper geschwebt sind. Ich glaube davon jedes Wort. Und Sie müssen noch nicht einmal sterben, um solche Erlebnisse zu haben. Wenn Sie das mit den Luziden Träumen trainieren und Methoden erüben, den eigenen Körper zu verlassen, dann können Sie so ein Erlebnis auch schon haben, lange vor Ihrem Tod.

Ich betrachte es als Tatsache, dass es eine geistige Komponente in unserem physischen Körper gibt, oder sollten wir es seelische Komponente nennen? Nun, nennen wir es Astralleib. Ein feinstofflicher Körper, der den Tod des physischen Körpers überlebt und zu Lebzeiten mit der bekannten "Silberschnur" verbunden ist.

Nun, mit der Geburt, bzw. schon davor, wird die Verbindung von "Astralleib" mit unserem Körper irgendwie geschaffen. Ab diesem Moment ist es "unser" Körper. Wenn wir Astralreisen in die "Zwischenwelt" unternehmen, dann bleibt unser Astralkörper über diese Silberschnur mit unserem Körper verbunden, so wie der Fallschirm mit Seilen an dem Piloten hängt, der aus dem Flugzeug abspringt. Es gehört beides zusammen.

Nun gibt es aber immer auch Situationen, wo ein körperloses Wesen, also nennen wir es einmal eine Spukgestalt, auch wieder Besitz über einen fremden Körper ergreifen möchte. Ich glaube, dass es hier auch geistige Gesetze gibt, die zur Geltung kommen und die in etwa so lauten: Ein Körper gehört zu einem bestimmten Astralleib. Es ist eine Verbindung, eine Einheit.

Doch auch so, wie es Vergewaltigungen gibt, kann es passieren, dass ein fremder Astralleib versucht, einen solchen Körper unrechtmäßig in Besitz zu nehmen. Wir sprechen dann von einer "Besetzung". Nicht lachen, es gibt zahlreiche Beweise für Besetzungen. Auch wenn man nicht hinter jedem seltsamen Verhalten oder Unwohlsein sofort eine Besetzung vermuten sollte und auch wenn es Fälle von Geisteskrankheit gibt, die bei weitem rein gar nichts mit Besetzungen durch andere Wesen zu tun haben, so ist das Phänomen der Besetzung doch durchaus real.

Auch hier gilt es wieder, einen skeptischen aber offenen Blick zu bewahren.

Wenn ein Mensch stirbt, dann löst sich der Astralleib vom physischen Körper und - das ist jetzt der Unterschied zur "Out of the body" Erfahrung, es löst sich auch die Verbindung der Silberschnur. Ab dem Zeitpunkt des Todes, ab der Abtrennung sprechen wir von der Seele des "Verstorbenen". Jetzt gibt es kein zurück mehr, der Körper ist nur noch eine leere Hülle. Diese Hülle kann, unter ganz seltenen und sehr speziellen Bedingungen jetzt auch von einer fremden Seele übernommen werden. Der Körper lebt dann weiter doch der Mensch ist nicht mehr der selbe. Wie gesagt, das kommt sehr selten vor. Es ist nichts unmöglich, wie immer.

Wir betrachten uns aber jetzt den natürlichen Tod, nicht die Besetzungen. Der Astralleib des Verstorbenen erlebt die Welt um sich herum sehr real. Er hört alles, er sieht alles, er denkt auch noch genau wie zu Lebzeiten. Alle Sorgen und Ängste sind noch da, alle Fehler, die vielleicht zum Selbstmord geführt haben, sind weiter im Bewusstsein.

Schauen Sie sich mal den Film "The Sixth Sense" mit Bruce Willis an. Dann verstehen Sie, wie ein Verstorbener die Umgebung wahrnimmt. Das ist durchaus realistisch. Und ich glaube man darf das durchaus auch als "normal" bezeichnen, dass kurz nach dem Tod die Pforte ins Jenseits geöffnet wird.

Der "Weg ins Licht" wird angeboten. Viele, die schon halb drüben waren sehen einen Lichttunnel, ein Licht, spüren bedingungslose Liebe oder erhalten den Eindruck einer schrecklichen Hölle. Es ist sehr individuell, was die Zurückgeholten hierüber berichten.

Wenn alles gut und normal verläuft, dann kommt dieser Lichttunnel, oft ist noch ein Engel dabei oder ein bereits verstorbener naher Angehöriger, Christus oder Mohammed oder ein Haustier, um den Verstorbenen zu begrüßen und in das Licht zu begleiten.

Tritt der Verstorbene in den Lichttunnel ein, dann beginnt die Reise ins Jenseits.

Tritt der Verstorbene nicht ein, dann bleibt er in der Zwischenwelt. Jetzt ist er also als erdgebundene Seele immer noch da, hat keinen Körper mehr, seine Mitmenschen sehen ihn nicht mehr, hören ihn nicht mehr. Er kann nichts anfassen, nichts bewegen, hat immer noch die selben Probleme und Sorgen nur eben keinen Körper mehr um irgend etwas in der physischen Welt zu korrigieren oder zu beeinflussen. Es kommt mit der Erkenntnis "Oh, es ist ja doch nicht vorbei!" auch die Verzweiflung "Was habe ich getan?"

Und genau dieser Zustand der Hilflosigkeit und Verzweiflung kann nun zu Reaktionen führen, die den Lebenden zu schaffen machen.

Im Ägyptischen Totenbuch soll geschrieben stehen, dass sich die Seelen der Verstorbenen noch 40 Tage auf der Erde aufhalten, bevor sie ins Jenseits gehen. Ich habe dieses Totenbuch nicht gelesen. Es ist aber so, dass die Seelen der Verstorbenen noch einige Zeit hier sein können. Als mein Vater starb, hat meine Mutter einige Male danach seinen Geruch wahrgenommen. Er hatte die letzten Jahre starke Medikamente bekommen, Cortison und Marcumar usw., so dass der Körper einen eigenen Geruch, eine bestimmte Ausdünstung, erhalten hatte.

Sie spürte auch Berührungen und hat aus diesen Eindrücken für sich selbst die Gewissheit erhalten, dass unser Vater "noch da ist". Ob das nun alles insgesamt Einbildung oder Real war, diese Einschätzung überlasse ich frohen Herzens ganz alleine Ihnen. Machen Sie sich bitte Ihre eigenen Gedanken, kommen Sie bitte zu einer eigenen individuellen Erkenntnis. Ich kann Ihnen das nicht beantworten, besser noch, ich möchte Ihnen hierauf keine Antwort geben.

Oft bleibt es aber nicht bei Gerüchen oder Berührungen. Meine Freundin zum Beispiel wurde schon ein paar Mal von zwei unsichtbaren Händen aufs Bett gedrückt. Wenn Sie mich fragen, dann ist es ihr Vater, der da auf sich aufmerksam machen möchte.

Oft kommt es zu richtigen Spukerscheinungen, bei denen elektrische Geräte kaputt gehen, wie bei der Frau des Fluglehrers in Beilngries, wo Fax, Drucker, Kopierer, Telefon usw., eben alle technischen Geräte innerhalb weniger Wochen nach dem Tod des Mannes "wie von Geisterhand" kaputt gegangen sind. Wer die Zeichen sieht und erkennt, der versteht es.

Nun denke ich, es ist, so wie immer, eine ganz individuelle Sache, wie lange die Seele eines Verstorbenen noch "hier" ist. Das können 40 Tage sein oder Jahrhunderte. Die Frage ist ja immer, WARUM ist die Seele noch hier und in welchem Zustand ist sie? Ist sie bewusst hier, um noch irgendwie zu helfen, ist sie mit sich selbst im Reinen oder ist sie verzweifelt? Wie wirkt sich dieses "noch hier sein" auf die Mitmenschen aus? Wird es als angenehm, hoffnungsvoll und hilfreich empfunden, oder ist es störend oder sogar lebensbedrohlich?

Das sind die wichtigen Fragen. Und daraus resultiert ja dann auch, wie wir damit umgehen können oder sollten. Sollen wir versuchen, eine solche erdgebundene Seele ins Licht zu bekommen? Wird unsere Hilfe längst erhofft und als Erlösung empfunden?

Oder ist es okay, dass der Verstorbene noch eine Weile hier ist, um zu helfen und geht er dann, wenn er seine Aufgaben erfüllt hat möglicherweise von selbst auch ohne unser Zutun ins Licht?

Welchen Bewusstseinsstand hat die Seele des Verstorbenen? Ist sie vielleicht auch schon im Licht gewesen und hat erkannt, was der "Sinn ihres Lebens" war, ist sie im Frieden mit sich selbst oder eher verzweifelt und ohne Ausweg? Jede Situation ist anders, jede Situation erfordert eine individuelle Begutachtung und auch sehr individuelle Maßnahmen.

Es ist wie mit einer Krankheit. Da haben drei Menschen die selbe Krankheit. Beim Ersten hilft dieser Weg, beim Zweiten ein anderer. Auch die Ursachen können völlig unterschiedlich sein. Und dem Dritten kann vielleicht gar nicht geholfen werden, weil er oder sie sich innerlich sperrt. Es ist immer eine sehr individuelle Betrachtung nötig, um das Mysterium der Krankheit und damit auch der Heilung zu verstehen. Bei den Seelen der Toten ist es ganz genauso. Jede Situation ist anders, es gibt kein Pauschalrezept: "Nimm Weihrauch und verbrenne Kampfer, dann vertreibst Du das Gespenst!" Das funktioniert so nicht. Es sind ja nette Versuche, aber so was von uneffektiv, da lachen auch die Toten drüber. Wenn es denn zum Lachen wäre.

Das Einzigste, was immer sehr gute Chancen auf Erfolg verspricht, ist es, im Geiste offen zu bleiben. Zuhören, spüren, ja auf-spüren, wo das Problem liegt. Und dann gemeinsam eine Lösung erarbeiten, eine gute, brauchbare Lösung mit der alle Beteiligten gut "leben" können. Das ist das beste Rezept. Lassen Sie Ihr Herz nah an das Geschehnis heran und vertrauen Sie dem Urteil des Herzens. Nach dem Tod ist das Herz ja so viel wichtiger als der Kopf. Das sollte ruhig auch mal erwähnt werden.

Wir kommen ja nicht aus der größten Gedankenfabrik des Universums sondern aus der größten Liebesquelle.

Bedingungslose Liebe, das ist es ja auch, was uns erfüllt, wenn wir erkennen, worauf es im Leben wirklich ankommt, wenn der Kopf mal aus dem Weg geht und uns das fühlen lässt ohne ständig dazwischenzureden.

Wir fühlen es, wenn wir zuhause sind. Es ist ein Gefühl das uns er-füllt, also ein Gefüll. Gedanken brauchen wir zum Danken, Geh zum Danken mit den Gedanken.

So - heute hab ich schon 21 Seiten geschrieben. Völlig mühelos. Ich hoffe wirklich sehr, dass Sie diese 21 Seiten auch genau so gerne gelesen haben, wie ich sie geschrieben habe. Und wenn Ihnen auch nur ein einziges Mal ein kleines Lachen ausgekommen ist, dann haben Sie wenigstens ein bisserl Lebenszeit zurück erhalten. Ich hoffe sehr, dass es noch viel mehr ist, was Sie aus diesem Buch für sich brauchen können. Ach, wissen Sie was? Da ich schon den ganzen Tag so gut drauf bin: Ich möchte Ihnen an dieser Stelle einmal aus ganzem Herzen Alles Gute wünschen. Sie sind ein Mensch, der immer noch da ist und die Worte liest, die ich so mühelos aufs Papier gebracht habe. Ich habe diese Worte geschrieben, nicht um irgend etwas zu schreiben, sondern aus dem Wunsch heraus, dass diese Worte Ihnen wirklich helfen mögen. Ja, ich habe sie ohne Mühe geschrieben, doch was nutzt die größte Anstrengung, wenn das Ergebnis dann nicht weiter hilft? Wie sehr muss man sich "bemühen" um ein glückliches Leben zu führen? Sehen Sie? Je weniger Mühen es kostet, glücklich zu sein, um so besser ist es doch. Ich möchte daher auch einmal aus ganzem Herzen dafür danken, dass Sie so voller Interesse immer noch dabei sind und weiter lesen. Mir bedeutet das sehr viel und ich finde es sehr schön, dass ich Ihnen das auf diesem Wege auch einmal so schreiben kann.

Ich finde auch, dass durch diesen sehr offenen Schreibstil auch irgendwie eine sehr persönliche Beziehung oder Verbindung von mir, dem Autor, zu Ihnen, der Leserin oder dem Leser, entstehen kann. Mir ging es so, als ich das Bienengflüster gelesen habe.

Sie kennen mich nicht, doch durch diese Worte hier im Buch haben Sie die Chance, mich kennen zu lernen. Es ist ja wie ein Gespräch. Ich spreche oder schreibe und Sie hören zu oder lesen. Leider kann ich Sie auf diese Art nicht kennen lernen. Ich kann nur eines erahnen: Sie haben Interesse an dem Thema, Sie möchten mehr erfahren über das Leben und über unseren Weg ins Licht, und das ganze drum herum. Und ich hoffe sehr, Sie finden hier im Buch etwas, was Sie brauchen können, was Ihnen hilft. Hoffe ist wieder nicht das, was ich eigentlich meine. Ich finde, Hoffnung ist ja eher etwas, was wir nicht brauchen können. So lange wir "hoffen" wissen wir ja nichts. Hoffentlich geht das gut - da schwingt doch erstens Unsicherheit mit und zweitens die Angst, ja was ist denn, wenn es nicht gut geht, oh je oh je. Und das wäre der nicht ganz so gute Ansatz. Ich finde es ja sehr viel besser, die Hoffnung durch Vertrauen zu ersetzen.

Anstatt zu sagen "Hoffentlich gefällt Ihnen dieses Buch." wäre es doch sehr viel besser zu denken: "Ich habe Vertrauen darauf, dass dieses Buch für die Leser hilfreich ist und dass sie es als ein wertvolles Buch empfinden werden." Das klingt sehr viel besser.

Und wenn Sie sagen "Das Buch ist ein Witz!" und dabei wenigstens mal auch gelacht haben, dann hat es doch auch Ihr Leben ein klein wenig verlängert. Das finde ich jetzt auch schön. Danke an den Rezensenten. Er weiß ja gar nicht, wie viel Gutes er mir mit dieser Zwei-Sterne-Rezension und seiner Bemerkung angetan hat. Doch, doch.

Je mehr ich darüber nachdenke, desto mehr stelle ich fest, dass er mich ja doch irgendwie dazu gestupst hat, dieses Buch überhaupt zu beginnen. Dafür bin ich ganz ehrlich sehr dankbar !!! Auch wenn ich mich über 5 Sterne mehr gefreut hätte. Weiter gebracht haben mich die 2 Sterne. Auch ein interessanter Gedanke. In diesem Sinne kann ich Sie nur ermutigen: Schreiben Sie mir doch bitte eine Rezension!

Und wenn Sie das Gefühl haben, Sie möchten mir den Verriss des Jahres bescheren und ein Stern wäre noch zu viel, dann bitte, schreiben Sie es trotzdem!!! Bitte, schreiben Sie es.

Es erleichtert Sie und Sie wissen, dass Sie mit mir total ehrlich sein dürfen.

Wenn mir hundert Menschen sagen, dass ich aufhören soll, solche Witz-Bücher zu schreiben, dann kapier ich es vielleicht endlich mal und höre auf - oder wenn mir hundert Menschen ehrlich schreiben, was Sie darüber denken, dann kann ich daraus sehr wertvolle Erfahrungen sammeln. Sie bereichern mein Leben mit Ihrer Rezension, ganz egal, wie wenig oder viel Sterne Sie mir geben. Ihre Worte an mich geben mir ein bisschen auch die Gelegenheit, Sie kennen zu lernen und ist das nicht wie bei Twitter? Sie können mit mir über die Rezensionen in Kontakt treten. Ich lese das!

Auch wenn es beim Geisterjäger auf den Tag genau ein Jahr gedauert hat, bis ich die Rezension entdeckt und gelesen habe. Ich war in einer dunklen Phase meines Lebens, die jetzt aber so langsam hinter mir liegt, das spüre ich. Jetzt bin ich wieder da, wie der Phoenix aus der Asche.

Das Jenseits

Ja, das Jenseits. Da dürften wir ja schnell durch sein, oder? Es ist ja auch noch nie jemand wirklich zurückgekehrt, oder doch? Nun, was wenn ich Ihnen sage, dass Sie selbst ja höchstwahrscheinlich auch schon ganz viele Male da drüben waren? Dass das Jenseits jetzt im Grunde genommen eher unsere Heimat ist, als die Welt, in der wir uns jetzt als Gast befinden? Was dann? Wohin geh ich? Ja, genau das ist die Frage. Wo gehen wir hin, wenn unser Leben hier auf Erden zu Ende ist? Ganz genau: Zurück ins Jenseits, zu unserem Ursprung, oder wenigstens dem Ursprung einen kleinen Schritt näher. Es ist mehr Zuhause für uns als die Erde. Und Sie wären wohl auch erstaunt zu erfahren, dass es Menschen gibt, die nicht nur als Seelen bisher als Mensch gelebt haben, sondern dass es auch Menschen gibt, die Seelenanteile von Wesen in sich tragen, die aus anderen Galaxien stammen. Jetzt wird's echt strange? Oder?

Ja, klar. Ist man erst mal als deppert und verrückt abgestempelt ist es ja eh schon egal, was man schreibt oder sagt. Ich meine das aber durchaus ernst. Ich selbst habe einen "Sternenanteil" in mir, den kann ich so einfach gar nicht beschreiben. Also, stellen Sie sich bitte vor, es gibt dort draußen, irgendwo, ganz weit weg, Lebensformen, die zu zweit sind - männlich und weiblich, wie hier. Nur dass dort zwei Wesen eine Einheit bilden. Gemeinsam betrachten sie die Schöpfung, das Universum. Sie sind Schauende. Sie betrachten und erforschen die Geheimnisse des Universums und erfreuen sich an Dingen, wie wir sie vom Hubble-Teleskop her im Ansatz kennen. Sie glauben gar nicht, welche großartigen Schönheiten es dort draußen im Universum noch alles gibt. Um die zu erkennen reicht es gar nicht, alles nur mit menschlichen Augen zu erfassen.

Daher haben diese Wesen die Möglichkeit über viel feinere Sensoren das alles wahrzunehmen. Es ist schwer zu beschreiben und klingt ja wirklich etwas arg abgehoben. Ich habe noch nie zu einem Menschen darüber gesprochen, aber ich nehme auch an, dass ich nicht der Einzigste dieser Art hier auf Erden bin.

Gerade für diese meine Inkarnation wurde also der männliche Anteil des Sternenwesens gebeten, er möge sich doch mit dieser Menschenseele, die auch dunkle Anteile in sich trägt, oh je oh je, inkarnieren, um zu helfen, ganz bestimmte Informationen zu vermitteln, die das menschliche Wesen alleine nicht hätte vermitteln können. Eben weil die Sensoren des Menschen ja nicht alles beinhalten, was es gibt.

Es gibt so viele Realitäten dort draußen, auch unser "Jenseits" ist nur eine Form der Realität. Wir finden Parallel-Universen und mit jedem Gedanken, den ein Mensch gebirt (kann man das so schreiben? Gebirt von Geburt? Oder müsste es gebährt heißen?) Nun, jeder Gedanke erschafft Realität oder sagen wir, jeder Gedanke möchte zur Realität werden. In meinem Leben habe ich dafür schon so manche Beweise erhalten, dass es genau so ist. Du hast einen kurzen Gedanken, weg ist er, und Jahre später triffst Du dann auf die Realität, die aus diesem kurzen Gedanken entstanden ist.

Vielleicht sollte ich das etwas näher erklären.

Meine damalige Frau und ich, wir sind damals in Stammham spazieren gegangen, und sie hat mir dort ein Haus gezeigt und mir gesagt, dass dieses Haus früher mal ihrem Vater gehört hatte. Dann habe er sich finanziell übernommen und das Haus hergeben müssen, er hatte es verloren. Mein Gedanke damals war: "Es wäre schön, wenn wir das Haus in die Familie zurück holen könnten!" Gesagt habe ich nichts, nur eben diesen kurzen Gedanken gehabt.

Jahre später ergab es sich, dass wir wegen der Krebserkrankung meiner damaligen Frau und der Aussage des Arztes, sie würde kein Jahr mehr leben, den Umzug in die Nähe unserer Verwandtschaft planten, damit ich nicht mit zwei ganz kleinen Kindern ganz alleine in München sitze. Hier im Raum Ingolstadt sind Omas, Tanten, Onkel, Geschwister usw., die beim Aufwachsen von kleinen Kindern eben auch helfen könnten. Also beschlossen wir umzuziehen und jetzt raten Sie mal, welches Haus gerade in dem Moment angeboten wurde? Und welches Haus wir als einzige realistische Lösung dann tatsächlich gekauft haben? Sie ahnen es und so war es: Genau dieses Haus in Stammham. Wir lebten dort bis zu unserer Trennung als ich auszog. Ich habe meiner Ex-Frau das Haus nach der Scheidung überlassen. Sie ist ein Mensch mit eigenen Problemen und es war nicht immer leicht für mich während unserer gemeinsamen Zeit.

Aber was soll's. Sie hilft mir, das Verzeihen zu lernen. Und erst wenn wir uns selbst verzeihen können, dann können wir anderen verzeihen. Ich durfte lernen, dass ich ein Problem damit habe, mir selbst zu verzeihen. Ich möchte mal sagen, das war für mich eine wichtige Erkenntnis, das über mich selbst zu erfahren. Und somit haben sich 10 Jahre Fegefeuer und der Verlust meiner linken Augenlinse ja vielleicht doch noch irgendwie zum Positiven verwandelt, wenn ich mich selbst ein wenig besser dabei kennen lernte.

Nun zurück zum Jenseits. Ich weiß, durch meine Aufenthalte zwischen den Leben, dass es im Jenseits echt paradiesisch schön ist. Das nenne ich Urlaub! Und ich betrachte die ganze Existenz ja wie ein großes, absolut fantastisches Spiel, erdacht, um uns Lernaufgaben zu stellen, uns herauszufordern, uns selbst immer noch besser kennen zu lernen.

Die Frage ist doch: Wenn Sie sich selbst kennen lernen, so richtig - wen oder was finden Sie dann? Gefällt Ihnen das, was Sie sehen? Wenn Sie jetzt auch nur einen ganz kurzen Moment gedacht haben "Nein, das gefällt mir nicht.", dann haben Sie ein ernsthaftes Problem. Sicher gibt es immer wieder Dinge, die wir an uns erkennen, die uns nicht unbedingt gefallen - das ist ja auch gut so, denn das bringt uns vorwärts und treibt uns an, an uns zu arbeiten und uns zu verbessern. Doch ganz am Ende, wenn Sie wirklich tief in sich hineinblicken, wer oder was Sie wirklich sind, dann finden Sie dort etwas, wenn Sie es finden, das absolut Wunderbar ist.

Ich hatte das große Glück einmal während einer Meditation so etwas wie eine ganz kurze "Erleuchtung" zu haben. Auch das habe ich bisher keinem einzigen Menschen jemals gesagt, weil es für mich eine sehr persönliche Erfahrung war. Ich sah mich, also MICH, meinen Kern dort für einen ganz kurzen Moment. Es war wie eine kleine, zarte Flamme, ganz filigran. Und doch wusste ich in diesem Moment, dass auch der stärkste Sturm diese kleine, zarte Flamme nicht ausblasen könnte. Genau das war das Bild, das ich niemals so erwartet hätte, das ich von mir selbst erhalten habe.

Und wenn ich so darüber nachdenke, dann kann ich da nur absolut zustimmen. Ja, ich bin eine kleine zarte Flamme, die aber unzerstörbar weiterbrennt. Das fühlt sich für mich absolut richtig an. So ist es und so soll es auch sein.

Das Jenseits. Für mich ist es ein Ort, an dem wir die Chance haben, einen Blick auf die großen Zusammenhänge zu erhalten. Wir verstehen, wir wissen, wir fühlen, wie es richtig ist. Wir sind eins mit uns und der Schöpfung. Wir haben dort unsere Vertrauten, unsere Freunde, die uns schon seit Jahrhunderten, seit Jahrtausenden begleiten, und die schon bei zahllosen Abenteuern an unserer Seite waren um uns zu helfen und zu unterstützen. Wesen, Engel, alles Mögliche, auch welche, die selbst schon auf Erden gelebt haben.

Manchmal machen wir das ja abwechselnd, weil es eben gut tut, jemanden an seiner Seite zu haben, der die irdischen Probleme auch selbst kennt. Da lässt sich doch viel leichter helfen. Stellen Sie sich doch kurz vor, sie haben Einblick in alle Wahrheiten, sie haben Zugang zu den heiligsten Informationen und helfen einem Menschen dabei, der gerade bei Günther Jauch auf dem Stuhl sitzt und sich fragt, welchen Telefonjoker er jetzt anrufen kann? Solche Freunde sind doch einfach unschätzbar wertvoll, auch wenn das eine (Geld und Gewinn) nichts mit dem anderen (Antworten auf die wichtigen Fragen des Lebens) zu tun hat. Ich denke, Sie können nachvollziehen, was ich sagen will. Wir haben oft ein Team von geistigen Helfern, und da sind eben engere und nicht ganz so enge mit dabei. Meine engsten geistigen Helfer sind jedenfalls allesamt ganz großartig! Ich liebe sie!

Was gibt es noch über das Jenseits zu sagen? Es ist nicht das Ende, es ist nur ein weiterer Schritt, den wir auf dem Weg zurück zur Quelle erfahren können. Es ist ja wie im Leben. Wie oft gehen wir mit unseren Eltern auf den Spielplatz um im Sandkasten zu spielen? Irgendwann kommt der nächste Schritt und wir gehen ohne unsere Eltern in die Schule. Und dort auch immer weiter. Eines Tages gehen wir zur Arbeit und üben einen Beruf aus, der uns auch Verantwortung überträgt. Dem einen mehr, dem anderen weniger. Und daneben kommt das Leben und stellt uns vor alle möglichen und unmöglichen Lernaufgaben. Es ist eben nicht nur der Sandkasten, in dem wir unsere Zeit verbringen. Und so betrachte ich das Leben auf der Erde und die Existenz im Jenseits eben nicht als das vollständige Bild. Irgendwann einmal, ganz am Ende fallen wir wie ein Regentropfen, der sich tausendmal schon in Wasserdampf verwandelt hat und alle Kontinente besucht hat, eben letztendlich als Tropfen wieder in den großen Ozean, der aus unzähligen anderen Tropfen besteht.

Wir gehen wieder ein in die Quelle, aus der uns damals die Sonne befreit hat. Wir verschmelzen wieder mit uns selbst, das große Meer der Flammen hätte ich jetzt fast gesagt. Nein, es sind keine Flammen, aber es ist Licht dort. Die einzige Wahrheit. Ein Licht, das aus sich selber strahlt. Aber jetzt sind wir ja doch weit über das Jenseits hinaus gereist.

Was wir über das Jenseits wissen sollten, im Zusammenhang mit den Spukerscheinungen und erdgebundenen verlorenen Seelen: Im Jenseits, nach dem Lichttunnel, erhalten die verstorbenen Seelen den "Trank der Erkenntnis". Wer drüben war und als Seele aus dem Jenseits kommen darf, um Menschen zu helfen, der bringt Einsicht und Weisheit mit. Diese Einsichten fehlen den erdgebundenen Seelen. Das ist der große Unterschied. Und ja, natürlich können Seelen aus dem Jenseits auch zu uns kommen und mit uns Menschen kommunizieren. Es gibt also keinen Grund, in der Zwischenwelt zu verbleiben und auf die "Erleuchtung" zu verzichten, nur weil man vielleicht ein paar peinliche Fehler im Leben gemacht hat.

Aber wie gesagt: Nicht jeder erkennt den Tunnel ins Licht, nicht jedem wird der Weg ins Licht so offenbart, dass er zu erkennen ist, wenn die Seele so belastet, voller Sorgen, Zweifel und Scham ist.

Wir dürfen von Erlösung sprechen, wenn wir einer Seele den Weg ins Licht zeigen können und sie diesen Weg dann zufrieden geht.

Ein sehr schönes Beispiel dafür, wie dies in der Praxis aussieht, einer verlorenen Seele den Weg ins Licht zu bereiten, finden Sie in dem kleinen Büchlein "Geisterjäger", das ja schon erwähnt wurde.

Also, ich will ja nicht ständig drauf rumhacken, oder doch?

Ich meine ja nur, wer den "Geisterjäger" wirklich aufmerksam liest und nicht nur über den Witz lacht, den einen Satz, der uns ja bis heute verschwiegen wurde vom Rezensenten, also wer das Büchlein wirklich aufmerksam liest, der erfährt darin wirklich ALLES, was ein "Heiler der Toten" wissen muss oder wissen sollte, um eine äußerst erfolgreiche Karriere als "Spukprofessor" zu starten.

Mehr braucht es wirklich nicht, glauben Sie mir das ruhig. Oder um es mal in einem Satz zu sagen: "Das ist kein Witz!!"

Wissen Sie, was das eigentliche Problem ist? Dass wir uns Menschen nicht an das Jenseits erinnern können. Es wird ja alles auf Null gesetzt, wenn wir unser aktuelles Leben starten. Doch wir werden auch mit den Möglichkeiten ausgestattet, alles zu erforschen und alles ist ja in uns selbst zu finden. Dort liegt unsere große Chance. Dort, in unserer Erinnerung, sind so viele Antworten enthalten. Es liegt nur noch an jedem Einzelnen von uns, den Weg nach Innen zu beschreiten und diese Erinnerungen wieder zu entdecken.

Der Weg nach Innen ist ein leiser Weg. Ein Weg zu uns selbst, der uns eröffnet, wer wir wirklich sind.

Wenn wir anfangen, die Schöpfung allmählich aus der Summe der Bestandteile zu verstehen, dann wächst unser Verständnis und wir erkennen mehr und mehr den Sinn, der in allem enthalten ist und der alles miteinander verknüpft.

Hören wir doch endlich auf in äußeren Religionen über Gott zu streiten, Kreuzzüge und heilige Kriege gegeneinander zu führen, um uns gegenseitig ins Jenseits zu befördern.

Fangen wir doch endlich damit an, den göttlichen Funken in uns selbst zu finden. Dann haben wir die wertvollste Religion überhaupt.

Voodoo-Puppen

In Nürnberg wohnt eine Freundin, die sammelt Voodoo-Puppen. Ja, so was gibt es wirklich und glauben Sie es ruhig, diese Voodoo-Puppen haben eine Wirkung. Sie haben sogar einen eigenen Charakter, ob Sie das nun für möglich halten oder nicht.

Jetzt fällt mir gerade der Billy Meier ein. Der wohnt in der Schweiz und behauptet schon seit Jahren, dass er Kontakt zu den Plejadiern, diesen Ausserirdischen, hat. Er hat, obwohl er nur einen Arm hat und mit seinem Mofa unterwegs ist, in den 70er Jahren zahlreiche Ufo-Fotos geschossen, hat Klangaufnahmen gemacht und auch Metalllegierungen als Beweise vorgelegt für seine Kontakte. Und wissen Sie was? Die einen glauben ihm, die anderen nicht. Ich war dort in seinem Semjase-Licht- oder Sternenzentrum, genau an dem Wochenende, an dem Lady Diana ihr Leben lassen musste. Und was glauben Sie hat der Billy Meier im Eingangsbereich zu seinem Zentrum da gehabt? Einen großen Stein, auf dem "Semjase-Sternenzentrum" stand und gleich dahinter, direkt am Weg: Das Schneewittchen mit den 7 Zwergen. Ich fand das ja so geil. Da kommt einer und behauptet mit Außerirdischen in Kontakt zu sein und dem fällt nichts besseres ein, als eine Märchenlandschaft gleich am Eingang aufzubauen? Merken Sie was? Der Billy Meier ist ein sehr scheuer Mensch mit einem einzigartigen Humor. Ich hatte das riesengroße Glück, dass der Billy gerade aus dem Haus kam, als ich da war. Ich sagte ein freundliches "Grüazi!" und konnte von ihm die Hand geschüttelt bekommen. Er war so überrascht und hat sich dann sofort wieder zurückgezogen. Ich bin aber auch heute noch so dankbar für diesen kurzen, ganz besonderen Moment in meinem kleinen Leben.

Hab es nicht ausgehalten und, wie alle paar Jahre mal, gerade eben gegoogelt, wie es dem Billy Meier geht.

Er ist ja 1937 geboren, also nicht mehr der Jüngste. Auf der Webseite www.figu.org können Sie näheres erfahren. Wie es aussieht geht es ihm immer noch gut, das freut mich sehr.

Billy Meier hat schon viele Bücher über die Außerirdischen geschrieben und bei meinem Besuch damals habe ich auch ein paar Abzüge von den Fotos bestellt, die mir dann per Post zugeschickt wurden. Alles war ordentlich verpackt und seine Bücher haben die höchste Qualität. Also der Mann, ganz ehrlich, hat eine erstklassige Gruppe, die die interessierten Menschen ganz real und erstklassig mit Informationen versorgt. Für mich ist Billy Meier ein äußerst sympathischer Schweizer, ein Mensch mit Humor und JA ich glaube ihm die Geschichte mit den Außerirdischen. Der scheißt sich halt auch nix, wenn er schreibt. Das macht ihn ja so sympathisch finde ich. Er ist authentisch und hat eine giftige Ex-Frau, die ihm das Leben schwer macht. Manche Drachen gibt es eben nicht nur im Märchen, aber bei Schneewittchen glaub ich kam ja gar kein Drache vor.

Ah ja, wir waren ja bei den Voodoo-Puppen. Nun, meine Freundin in Nürnberg, die Heike, sammelt Voodoo-Puppen. Und da hat sie eine erhalten, die wirklich einen einzigartigen Charakter hat. Die Puppen kommen normalerweise in ein Glaskästchen und werden dann an der Wand aufgehängt. Heike hat in ihrem Vorleben bei den Schwarzen gelebt als so eine Art Voodoo-Heilerin. Ich weiß es, weil ich sie aus diesem früheren Leben kenne. Ob sie das selber weiß, weiß ich nicht. Sie hat mir das auch nicht gesagt. Egal. Für mich ist es so. Sie starb damals einen echt grausamen Tod. In ihrem Leben heute ist sie auf Schwarze echt nicht gut zu sprechen. Ich weiß nicht, ob sie weiß, warum das so ist. Mir ist es klar.

Nun, diese eine Voodoo-Puppe wollte nicht in den Glasrahmen.

Immer, wenn Heike sie hinter Glas hatte, hat die Voodoo-Puppe den Rahmen gesprengt und ist von der Wand gesprungen. Mehr als einmal! Heike konnte auch kein Bild von der Puppe machen, weil der Fotoapparat dann jedes mal, wenn sie es versuchte, keinen Saft mehr in den frischen Batterien hatte.

Das war echt lustig damals, als ich das erfahren durfte. Nun - egal was Sie denken, ich sagte: "Heike, pass auf, wir versuchen mal was. Ich nehme Kontakt zu der Puppe auf und dann versuchst Du das nochmal mit einem neuen Glasrahmen. Okay?" Heike hat auch einen gesunden Humor und sie ist auch sehr offen für solche Sachen. Ich glaube ja irgendwie schon, dass sie selbst auch mehr weiß, als sie mir bisher erzählt hat. Immerhin war sie in ihrer Jugend schon so schwer an Krebs erkrankt, dass sie bereits im Hospiz war zum Sterben. Dort hat sie auch so einiges erlebt, das können Sie glauben. Sie hat das Hospiz überlebt, unglaublich, oder? Vielleicht schaffe ich es ja doch noch mal in den nächsten Wochen, Monaten oder Jahren, ihr Tagebuch zu veröffentlichen. Das schiebe ich schon so viele Jahre vor mir her, weil ich immer auf irgendeiner aussichtslosen Helferleinsyndrom-Aktivität bin und die möglicherweise wirklich wichtigen Lebensaufgaben scheinen dabei manchmal echt zu kurz zu kommen. Vielleicht ändert sich ja bald was. Es liegt wieder mal nur an mir.

Vielleicht hilft mir meine Infizierung ja dabei, endlich den Sprung in ein neues Leben zu wagen. Dem Ruf der geistigen Welt zu folgen und noch ein paar richtig gute Edelsteine in die Buchläden zu bringen. Ja, da freut sich mein Herz. Über den Punkt irgend etwas zu versprechen bin ich ja auch schon lange hinweg. Ich verspreche gar nichts mehr. Ich sage nur: Es fühlt sich wie eine verpasste Chance an, wenn ich nicht dabei helfe, dass das Tagebuch allen zugänglich gemacht wird. Und das sollte ich wirklich mal angehen und nicht so lassen.

Also zurück zum Thema. Ich habe wie bei einer Fernbehandlung in einem entspannten meditativen Zustand Kontakt zu der Voodoo-Puppe in Nürnberg aufgenommen und um ein Gespräch gebeten. Ich war erstaunt als ich Eindrücke erhalten habe, die mir gezeigt haben, wie ein schwarzer Mann die Puppe angefertigt hat und dann die Seelen von verstorbenen Ahnen zur Beseelung dieser ganz speziellen Voodoo-Puppe genutzt hat. Es war unglaublich. Ich bin überzeugt davon, dass diese Voodoo-Puppen eine geheimnisvolle, ja man kann sagen magische Kraft in sich tragen, die für unterschiedlichste Zwecke eingesetzt werden könnten oder können. Eine ganz neue Welt für mich. Nur, wenn Sie einmal den Zugang zu geistigen Werkzeugen haben, dann können Sie damit experimentieren und spielen, im positiven Sinne, meine ich.

Es schien mir im weiteren Gespräch mit der Voodoo-Puppe, nachdem ich ihr auch meine Wertschätzung gezeigt hatte, dass ich ihr den Gedanken vermitteln konnte, dass es eine gute Idee wäre, anstatt in einer dunklen Kiste doch hinter Glas in einem schmucken Glasrahmen zu sein und an der Wand von Heikes Wohnung einen gebührenden Platz zu erhalten. Ja, die Voodoo-Puppe hatte etwas Widerspenstiges an sich, aber, ich sag das jetzt mal ein bisschen scherzhaft, so wie in jeder zickigen Frau doch tief drinnen eine verletzliche und feinfühlige Frau wohnt, so hatte auch die Voodoo-Puppe in ihrem eigenen Charakter einen Wesensanteil, der durchaus freundlich war. Sie stimmte zu. Ich rief Heike an, sie könne es nochmal versuchen mit dem Rahmen und - voilà - es hat funktioniert. Die Puppe hat ihren ehrenhaften Platz an der Wand neben den anderen Puppen angenommen. Ich war sehr dankbar dafür.

Mein Eindruck war allerdings auch, und das sollte ich vielleicht hier ebenfalls anmerken: Den Voodoo-Puppen ist es ziemlich egal, wofür der Mensch sie einsetzt.

Du kannst damit anderen Menschen schaden und großes Unheil anrichten. Den Puppen ist es letztlich egal, weil sie im Entstehungsritual irgendwie sich dazu verpflichten, das zu tun, was der Voodoo-Meister, egal ob Frau oder Mann, von ihnen verlangt. Ich weiß nicht genau, warum das so ist, aber es scheint mir so zu sein.

Die Voodoo-Puppe erfüllt auf magische Weise mit ihren starken magischen Kräften die Wünsche desjenigen, der sie für seine Zwecke nutzt.

Vielleicht haben diese Puppen deswegen manchmal so einen schlechten Ruf und die Leute haben Angst vor ihnen. Ich sage aber gleich auch dazu: Du kannst diese Puppen auch zur Heilung einsetzen! Die Kraft, die sie ohne Zweifel besitzen, fragt nicht nach dem Zweck. Sie wirkt einfach.

Es liegt wieder einmal nur an uns, was wir daraus machen.

Versuchen Sie ruhig, das Gesamtbild zu sehen. Sie werden immer wieder feststellen, dass das Leben, die gesamte Schöpfung erst dann einen Sinn ergibt, wenn wir erkennen, dass es eben auch eine geistige Komponente gibt.

Erst durch diese geistige Komponente finden wir zahlreiche Erklärungen, die uns dabei helfen, die Bausteine der Schöpfung miteinander zu verknüpfen.

Für die Antwort auf die Frage: "Was hat das Leben denn für einen Sinn?" ist es absolut wichtig, diese geistige Komponente zu erkennen und auch anzuerkennen.

Menschen, die die Welt nur als rein materielle Existenz begreifen, werden niemals alle Antworten erhalten. Es fehlt der Sinn, es kommt die Leere.

Menschen, die sich selbst in Ideologien gefangen halten, oder mit nur einem kleinen Ausschnitt des Gesamtbildes bereits keine Fragen mehr stellen, verschließen sich der großen Erkenntnis, die uns alle zueinander bringen könnte.

Wenn Geister an Dingen haften

Kinder haben ja in den ersten Monaten ihres Lebens noch einen offenen Kanal für Dinge, die sich in Bereichen abspielen, die für den durchschnittlichen Erwachsenen schon unsichtbar sind. So sehen kleine Kinder gar nicht selten feinstoffliche Tiere im Zimmer oder eben auch Geister.

Als meine Tante, die 600 Kilometer entfernt wohnte, gestorben war, erhielt ich einen Anruf, ob ich den Flügel brauchen könnte, da sonst niemand in der Verwandtschaft musikalisch wäre. Meine damalige Frau spielte Orgel und meinte, sie hätte immer schon mal gerne ein Klavier oder einen Flügel gehabt. Also sagte ich Interesse zu und wir organisierten den Transport des Flügels zu uns nach Hause.

Als der Flügel angeliefert wurde, und dazu sollte man wissen, dass es ein Lieblingsstück meiner Tante war, das sie ihr Leben lang in Ehren gehalten hat, begab es sich, dass unser ältester Sohn mit etwa 3 Jahren uns berichtete, er hätte eine Frau in seinem Zimmer gesehen, die auf seinem Kleiderschrank gelegen wäre. Wir fragten unseren Sohn näher darüber aus und die Beschreibung passte auf meine verstorbene Tante.

Es scheint so, dass die Tante zusammen mit dem Flügel in unser Haus gekommen war. Sie störte nun nicht weiter und der Spuk hörte dann auch wieder von selber auf, möglicherweise auch dadurch, weil sie gesehen hat, dass ihr Flügel in gute Hände gekommen war.

Ein anderes Beispiel fällt mir noch ein, das etwas intensiver ablief. Die Frau meines Cousins kam am Nikolaustag mit dem Auto ums Leben, als sie gerade ihren kleinen Sohn in den Kindergarten fahren wollte. Auch der Sohn starb durch den Unfall.

Da unser ältester Sohn in etwa das selbe Alter hatte, wurden wir von meiner Tante gefragt, ob wir die Kleidung des Sohnes haben möchten. Sie sei kaum getragen und fast neuwertig. Wir stimmten dem zu.

In den folgenden Tagen und Wochen konnten wir beobachten, wie sich das Verhalten unseres Sohnes verändert hat, wenn er die Kleidung des verstorbenen Jungen getragen hat. Es war eine sehr befremdliche und ein wenig mulmige Angelegenheit und wir waren uns sicher, dass der verstorbene Sohn meines Cousins irgendwie mit seiner Kleidung immer noch verbunden war und nun auf irgend eine Weise versucht hat, in unserem Sohn weiter zu leben.

Auch dieses Beispiel geht in die Richtung Besetzung, wobei ich hier anmerken möchte, dass der verstorbene Junge, der ein ganz Lieber war, mit Sicherheit keine bösen Absichten dabei hatte.

Wir sollten uns immer auch vor Augen halten, dass es für ein Kind mit etwa 3 Jahren mit Sicherheit ein großer Schock ist, plötzlich das junge Leben zu verlieren. Ich kann mir sehr gut die Verwirrung vorstellen und die mangelnde Fähigkeit, das Geschehene wirklich vollständig zu erfassen und zu begreifen.

Da tun sich ja sogar diejenigen sehr oft schwer, die im Erwachsenenalter versterben.

Zum Thema Besetzungen, das ich hier nur am Rande erwähnen möchte, fällt mir noch folgendes ein: Als spiritueller Heiler hatte ich ein paar Jahre lang sogenannte Heilkreise organisiert, wo wir uns getroffen haben, um zu meditieren und zu praktizieren, unsere Kenntnisse zu vertiefen und Patienten zu behandeln. Wie das ja meistens so ist, kommen zu solchen Treffen dann auch hin und wieder neue Menschen mit dazu, die sich für das Thema interessieren.

Ein junger Mann kam eines Tages, dessen Namen ich hier nicht erwähnen möchte, da er über starke magische Kräfte verfügt und doch auch, meiner Meinung nach, keinen wirklich lichtvollen Weg geht. Nennen wir ihn der Einfachheit halber den Gaukler. Ja, das trifft es schon einigermaßen.

Jedes Mal, wenn der Gaukler zu unseren Treffen kam, hatte er eine neue Überraschung dabei, mit der er an uns Geld verdienen wollte. Einmal kam er und sagte: "Hier - ich habe Euch etwas mitgebracht. Das sind magische Steine!" Und mit diesen Steinen, so versprach er, sollte man alle möglichen großartigen spirituellen Dinge vollbringen können. Der Gaukler selbst, so hatte er es uns erzählt, wurde jahrelang von schlimmsten Depressionen geplagt und immer wenn er meditierte, hatte das sehr unangenehme Begleiterscheinungen. Der Gaukler bot auch selbst Meditationsabende in der Stadt an. Da waren mal welche aus unserer Gruppe auch mit drin. Denen ist bei der Meditation, und das ist jetzt echt so passiert!, so schlecht geworden, dass sie sich vor der Türe übergeben haben.

Nun, der Gaukler bot auch sogenannte "Reinigungen" an. Das wäre ja ganz wichtig und sollte jeder von uns machen lassen. Es kostete ja auch nicht sooo viel, ich glaube es waren etwa 150 Euro - für mich eine ganze Menge. Meine damalige Frau wollte das unbedingt und sie hat mich psychisch so unter Druck gesetzt, dass ich (um des lieben Friedens willen!) mich bereit erklärt habe, dass der Gaukler seine Reinigung auch an mir durchführen dürfe.

Bei meiner damaligen Frau hat der Gaukler alles mögliche entfernt, was er "Implantate" nannte - ohne jede weitere Erklärung. Da soll auch ein "Liebesverstärker" dabei gewesen sein, irgend so ein rosenförmiger roter Kristall. Als meine damalige Frau das so erzählte wuchs mein Misstrauen und ich war ja von Anfang an nicht so besonders begeistert, von der ganzen Idee.

Nun, Sie kennen mich ja auch schon ein paar Seiten lang und was glauben Sie wohl, was ich gemacht habe, als mein "Reinigungstermin" anstand? Na? Eben, was ein jeder großer Magier machen würde. Ich bat meinen ganz persönlichen geistigen Helfer um Schutz und bestimmte, der Gaukler möge nur dazu in der Lage sein, ausschließlich Dinge an mir zu entfernen, die ich nicht mehr brauche und die mir keinen Nutzen bringen. Also alles, was schlecht für mich wäre und was eben besser weg sollte. Den Rest und insbesondere Alles, was gut für mich wäre, solle der Gaukler NICHT entfernen können. Darum bat ich!

Der Gaukler kam und die Reinigung begann. Ich saß auf einem Stuhl und entspannte mich, hatte die Augen geschlossen und fühlte einfach nur in mich hinein, um zu sehen, wie sich diese Reinigung für mich anfühlte.

Am Ende der Sitzung, nach etwa 30 oder 60 Minuten sagte der Gaukler zu mir, so etwas habe er noch nicht erlebt. Er hätte sich sehr schwer getan, irgend etwas in mir zu erkennen und sei nicht in der Lage gewesen irgend etwas zu entfernen.

Ich grinste in mich hinein und tat so, als wäre ich überrascht.

Immerhin gab meine damalige Frau jetzt endlich Ruhe, da ich die Reinigung ja habe machen lassen und "nichts schlimmes oder böses" mehr an mir nachzuweisen war. Was hat mich diese Frau unnützer weise Geld gekostet und - liebe Leser - wie ich heute weiß ist es ein absoluter Trugschluss auch nur irgend etwas "um des lieben Friedens willen" zu tun.

Da bin ich heute doch eher dafür, dass man offen und ehrlich seine Meinung sagt, auch wenn der (oder die) Andere dann eben ein Problem damit hat. Wir können es doch eh nicht jedem Recht machen, dann sollten wir wenigstens immer so aufrecht sein, dass wir es wenigstens immer uns selbst recht machen.

Das ist am Ende auch viel mehr wert. Ich habe lange gebraucht und viel gelitten, bis ich das endlich verstanden hatte.

Das war ja nun noch nicht das Ende der Geschichte. Der Gaukler bot auch (teure) Seminare und Kurse an, wo er sein ach so wertvolles Wissen weitergab. Meine damalige Frau wollte das ja unbedingt lernen und hat ihm wieder einige hundert Euro nachgetragen für die Ausbildung.

Dann kam der Tag, wo meine damalige Frau mich bat, ich möchte sie bei der Fernbehandlung einer Patientin unterstützen, da sie alleine mit dem Fall nicht weiter kam. Und sie wollte die Methoden des Gauklers einsetzen, um gleich mal auszuprobieren, wie das funktioniert.

Wir setzen uns also in der Praxis zusammen und fingen mit der geistigen Heilarbeit in Form einer Fernbehandlung an. Dabei werden heilende Energien übertragen, ohne dass der Patient oder die Patientin im selben Raum sein müssen - deshalb nennt sich das ja auch Fernbehandlung.

Auf einmal hatte ich den inneren Impuls erhalten, dass der Gaukler geistig bei dieser Behandlung mitten drin auch dabei wäre. Ich war echt überrascht und habe mit meinen geistigen Methoden sofort dafür gesorgt, dass der Gaukler aus dem Behandlungsprozess von meinen geistigen Helfern entfernt würde. Das war mir ja nun doch ein bisschen zu viel, diesen Gaukler mitten im Raum zu haben, wenn auch nur geistig. Den brauchte ich nicht und den wollte ich nicht.

Die Heilbehandlung konnte dann ohne den Gaukler weiter gehen.

Wie schon öfter angemerkt ist es ja immer so bei diesen geistigen Methoden, ganz egal, ob es Heilbehandlungen sind, bei denen Lichtenergien und Affirmationen übertragen werden oder geisteschirurgische Operationen durchgeführt werden, oder ob es sich um Kontaktgespräche mit verstorbenen Seelen handelt:

Es ist eben so, dass das alles nur im Kopf stattfindet, in Gedanken, in Gefühlen, eben in der inneren Welt des Lichtarbeiters. Beweise hat man ja selbst nicht, ob die inneren Eindrücke eben nur spinnerte Fantasien sind, oder ob da tatsächlich etwas passiert. Die Beweise hole ich mir da eben gerne hinterher bei anderen, die mir dann bestätigen können, ob sich tatsächlich irgend etwas verändert oder verbessert hat, ob der Spuk vorbei ist oder die Beschwerden weg sind.

Es war absolut interessant, dass meine damalige Frau, der ich natürlich kein Wort davon erzählt habe, dass ich den Gaukler rausgeschmissen habe aus der Heilbehandlung, mir erzählte: "Das ist seltsam. Ich wollte die Methoden von xxx (also von dem Gaukler) anwenden, aber irgendwie hat es nicht funktioniert." Ich setzte ein überraschtes Gesicht auf und grinste in mich rein.

Ach wie gerne wäre ich schon als Kind Schauspieler geworden. Meine Eltern haben nur zu mir gesagt: "Ach Bub, lern was Gescheites!" Ab dem Tag wusste ich gar nicht mehr, was ich werden wollte. Heute, als Erwachsener und als Vater kann ich nur sagen: "Bitte, liebe Eltern, unterstützt Eure Kinder, wenn sie sich für etwas begeistern und interessieren." Ein Beruf, den man mit ganzem Herzen ausübt ist etwas sehr Schönes. Ich finde, das sollte man immer unterstützen. Mein Leben wäre völlig anders verlaufen, wenn meine Eltern gesagt hätten: "Ja Bub, wenn das Dein Wunsch ist, dann mach das!"

Entweder wäre ich heute ein bettelarmer Schauspieler, der nicht weiß, wie er jeden Monat die Miete zahlen kann, oder - was ich viel eher glaube - ich hätte so einen Spaß gehabt, hätte so viele gute Filme gedreht, dass ich mit meinem schauspielerischen Talent eines Tages bis nach Hollywood gekommen wäre.

Im nächsten Leben versuche ich dann wohl mal, nicht auf meine Eltern zu hören. Mal sehen, ob das gut geht.

Anzeichen des Todes

Wir können uns auch noch eines fragen: Wissen die Menschen, die bald sterben werden von ihrem bevorstehenden Tod?

Es gibt Anzeichen dafür, dass es tatsächlich so ist. Anzeichen, dass die Menschen Signale oder Informationen aus dem Jenseits oder woher auch immer erhalten, dass der eigene Tod nun bald bevorsteht.

Meine Oma mütterlicherseits hatte hellseherische Fähigkeiten. Eines Nachts träumte Sie, dass der Tod an die Haustüre klopft. Sie öffnete im Traum die Türe und sagte, dass in Ihrem Haus niemand verstorben sei. Der Tod ging daraufhin ins Nachbarhaus. Am nächsten Morgen erfuhr meine Oma, dass die Nachbarin in der Nacht verstorben war. Was wäre passiert, wenn Sie den Tod freundlich hereingebeten hätte? Wäre die Geschichte dann irgendwie anders verlaufen? Ich weiß es nicht. Vielleicht gibt es ja Menschen, die eine Antwort auf diese Frage hätten. Ich finde, es gibt noch sehr viele interessante Fragen, auf die es noch viel zu wenige gute Antworten gibt. Doch zurück zu meiner Oma.

Während des zweiten Weltkrieges wohnte sie mit Ihrem Mann und den Kindern noch in Essen und hatte eines Nachts einen Traum, dass sie bis zu den Knöcheln im Blut watet. Am nächsten Tag überzeugte sie Ihren Mann, dass es besser wäre, aus Essen wegzuziehen, und die Familie verließ das Ruhrgebiet, um nach Bayern auszuwandern. Kurz darauf wurde Essen in einem Bombenangriff der Alliierten schwer zerstört. Meine Oma und auch meine Mutter waren immer davon überzeugt, dass sie bei dem Bombenangriff alle ums Leben gekommen wären, wenn die Familie nicht weggezogen wäre.

Nach einer Bluttransfusion, die während einer Operation an meiner Oma gemacht werden musste, hörten diese Träume auf.

Nun, ich weiß, das das Blut sich ja auch erneuert, manche Blutkörperchen leben nur Tage, andere Wochen, wieder andere Monate. Spätestens nach einem Jahr hätte sie ihre hellseherischen Fähigkeiten eigentlich zurück haben müssen, falls es da einen Zusammenhang mit dem Blut geben sollte. Auch hier sind noch einige Fragen offen.

Kurz vor dem Tod meiner Oma, so etwa eine Woche vorher, hat sie alle ihre Töchter mit Familie nochmal eingeladen und mit allen nochmal einen schönen Tag verbracht und ein Bierchen getrunken. Wenige Tage später verstarb sie dann, völlig überraschend. Die Töchter haben sich damals gefragt, ob sie das gewusst hat, dass sie sterben würde. Sie glauben: Ja. Denn es war ungewöhnlich, dass sie alle nochmal so ganz konkret sehen wollte. Es war wie eine Abschiedseinladung, eine letzte Feier im Kreise der lieben Familie.

Von meiner Freundin Heike, die ja selbst schon im Hospiz war zum Sterben und das überlebt hat, weiß ich, dass es ganz normal ist, dass Menschen kurz vor ihrem Tod einen fürchterlichen Alptraum haben und dann haargenau Bescheid wissen, dass sie sterben werden.

Bei meinem Vater, der jahrelang unter einer Lungenkrankheit litt, war es so, dass er uns eines Tages erzählte, sein Vater, also mein Opa, hätte in seinem Schlafzimmer von oben aus der Wand geschaut, mit straffer Haut und frisch rasiert und er habe gesagt: "Bub, jetzt wird es Zeit, dass Du mitkommst!" Wir in Bayern kennen ja den Film mit dem Boandlkramer, wo der Brandner Kasper den Tod zum Schnaps einlädt, ihn ordentlich abfüllt und dann noch einige Lebensjahre herausschlagen kann. Mein Vater sagte zu meinem Opa auch, er solle in 10 Jahren nochmal kommen. Das hat allerdings nicht funktioniert. Wenige Monate, nachdem mein Opa meinem Vater erschienen war, verstarb mein Vater.

Im Nachhinein muss ich feststellen, hätte ich diese Erscheinung doch ein wenig anders einstufen sollen. Sie war eine echte Ankündigung für den kommenden Tod.

Als meine Freundin Petra vor einigen Jahren auf Reha war lernte sie dort einen etwa 60-jährigen italienischen Familienvater namens Mario kennen. Dieser erkrankte an Krebs. Mario erzählte eines Tages, dass er im Krankenhaus neben seinem Bett in der Ecke ein "schwarzes Manschkerl" habe sitzen sehen. Mit dem Vorwissen, wie es mit meinem Vater und der Erscheinung meines Opas war, ahnte ich, dass das kein gutes Zeichen war und ich rechnete damit, dass auch Mario möglicherweise nun bald sterben würde. Etwa 3 Monate später war es dann so weit und Mario verstarb.

Zu meiner Erleichterung habe ich erfahren, dass es nicht immer so ist, dass Menschen, die derartige "Erscheinungen" haben, tatsächlich kurz darauf sterben müssen. Manche erholen sich, werden wieder gesund und leben danach doch noch eine gute Zeit lang weiter.

Sehen wir also auch diese Phänomene mit einer gewissen Hoffnung. Es sind Ankündigungen, die möglicherweise den Betroffenen wie ein "Signal" erreichen, man möge sich für das Sterben bereit machen, doch sie sind kein endgültiges Todesurteil - auch wenn man natürlich sagen muss, dass wir alle irgendwie zum Tode "verurteilt" sind. Es kommt ja letztlich keiner aus. Und doch scheint es eben auch ein wenig offen zu sein, wann letztlich unser Tod kommt.

Ich persönlich würde es sehr begrüßen, wenn ich genau wüsste, wann ich sterben werde. Das hätte zwei entscheidende Vorteile: Erstens wüsste ich, wann ich wirklich alles erledigt haben sollte, was mir vor dem Tod noch wichtig wäre, und zweitens könnte ich dann so was von gefährlich leben, dass es wohl die reinste Freude wäre, die schlimmsten und gefährlichsten Dinge zu tun, ohne Angst haben zu müssen, dass mein Leben dadurch in Gefahr wäre.

Nun - die Realität ist aber dennoch, dass keiner von uns so genau weiß, wann es so weit ist, wann der Tod kommt. Das wird dann wohl auch gut so sein, denn ich habe Vertrauen, dass die Schöpfung, die Natur und das Leben schon sehr wohl wissen, wie das alles am meisten Sinn macht.

Deswegen denke ich, es wäre ganz einfach von Vorteil, dass man versucht, all die Dinge, die einem wirklich wichtig sind, noch rechtzeitig zu erledigen, bevor der Sensenmann einem die Rübe runter schneidet, wenn wir das mal so bildlich beschreiben wollen.

Ich glaube ja, dass der Tod ein ganz Lieber ist, allerdings verstehen die meisten Menschen seinen Humor nicht. Wer kann schon lachen, wenn der Sensenmann in der Türe steht und seine Sense vergessen hat? Ich hoffe ja so sehr, dass ich noch Lachen kann, wenn er irgendwann einmal zu mir kommt. Ich glaube aber auch, dass ich mir in die Hosen scheißen werde aber das ist ja wie nach dem Motorradunfall: Das machen dann andere weg. Da heißt es loslassen. Ich denke mal, wenn der Tod kommt, dann hast Du ja echt gar nix mehr im Griff.

Loslassen ist da das Einzigste, was dann überhaupt noch irgendwie Sinn macht.

Wie stehen Sie denn selbst zum Tod? Ich meine, Sie werden es ja nicht verhindern können, dass Sie selbst eines Tages mit dem Tod in Kontakt kommen. Finden Sie den Gedanken daran schrecklich? Verdrängen Sie es oder gehen Sie offen damit um?

Das Loslassen von allem, was wir kennen, ist, wenn wir ein Herz haben, immer auch mit Trauer verbunden. Ganz egal, ob wir selbst betroffen sind oder ein nahestehender Mensch.

Trauerarbeit ist enorm wichtig, die Trauer will gelebt werden. Verdrängen und unterdrücken oder ablenken ist der falsche Weg. Zulassen und durchleben, Katharsis. Nur das hilft. Katharsis verändert uns und ist ein guter Weg.

Wie kann jeder ein Geisterflüsterer werden?

Wenn Sie meinen, Sie möchten selbst sehr gerne mit den Seelen der Verstorbenen arbeiten, Spukhäuser reinigen, mit Verstorbenen heilen oder verstorbene Seelen heilen und ihnen den Weg ins Licht zeigen, und sich fragen: "Na, wie schaffe ich das denn? Wie komme ich da hin, dass ich all das auch tun könnte?" Dann sollten Sie dazu wissen: Es ist einfacher, als Sie denken.

Ich selbst bin ein ganz normaler Mensch. Als Mann lebte ich Jahrzehnte ohne besondere Sensibilität für unsichtbare Dinge. Eines Tages, aus ganz persönlichen Gründen und aus einem großen Wissensdrang heraus, begann ich die spirituelle Ausbildung zum energetisch-geistigen Heiler. Dieser Schritt hat mein Leben massiv verändert.

Ich habe gesehen, dass durch heilende Hände, heilende Gedanken und über geistige Helfer "Wunder" geschehen können. Während der Ausbildung machten wir viele Meditationen. Diese Meditationen öffneten meine inneren Sensoren und Kanäle. Ich begann, sensitiv zu werden, entwickelte Intuition und emphatische sowie hellfühlende Fähigkeiten. Ich bin in der Lage, mich in Menschen derart hineinzuversetzen, dass ich genau sagen kann, wie jemand denkt und warum jemand dies oder jenes tut oder getan hat. Ich spüre es innerlich, wenn ich angelogen werde oder wie sich ein Mensch fühlt. Ich habe innere Eindrücke, die mir intuitiv ein Wissen vermitteln, das mir hilft "zu verstehen".

Ich bin in der Lage, auch unsichtbare Wesen zu spüren und mit meinen geistigen Augen zu sehen, und ich kann mit solchen Wesen kommunizieren.

Das alles wurde mir möglich durch diesen Weg über die Meditationen, wo ich Schritt für Schritt gelernt habe, die inneren Bilder zu nutzen.

Und ich sage ganz deutlich - wenn ich als vormals unsensibler Mann das lernen konnte, dann kann das jeder lernen!

Ich habe schon so viele Menschen mit wirklich wertvollen spirituellen Fähigkeiten kennen lernen dürfen - heute weiß ich, dass es diese Menschen gibt und dass es diese Talente gibt. Sollten Sie selbst auch irgendeine Gabe erhalten haben, dann bitte ich Sie: "Lernen Sie, damit umzugehen, finden Sie Menschen, die Sie dabei unterstützen und fangen Sie an, diese Gabe anzunehmen und zum Nutzen für Ihre Mitmenschen einzusetzen, falls Sie das nicht ohnehin schon längst tun."

Wir alle haben ein Mutanten-Gen in uns, wir alle dürfen unsere Talente weiter entwickeln und nutzen. Bleiben Sie bitte auch skeptisch. Wissen und Vertrauen werden sich von selbst immer weiter aufbauen, doch wenn Sie sich selbst überschätzen, dann tappen Sie in die EGO-Falle. Suchen Sie immer nach Weiterentwicklungsmöglichkeiten und auch nach Beweisen und Bestätigungen von außen, um das, was Sie in Ihrem Inneren wahrgenommen haben, im Außen bestätigen zu lassen. Dadurch lernen Sie selbst einzuschätzen, wie brauchbar oder richtig Ihre inneren Eindrücke tatsächlich sind.

Und bleiben Sie bitte immer auf der lichten Seite und tun Sie nur die Dinge, die Sie mit Freude erfüllen. Ja, wenn Sie auf "Geisterjagd" gehen oder mit den Seelen der Verstorbenen arbeiten, dann tun Sie es so, dass Sie auch immer Freude daran haben - und Spaß. Das ist ja so wichtig im Leben.

Und eine letzte Anmerkung - auch hierzu habe ich gelernt, wie wichtig es sein kann, darüber überhaupt mal zu reden:

Falls Sie Spaß daran haben und selbst Bücher schreiben sollten und eine Odyssee hinter sich haben, weil die Verlage nur auf Ihr Geld aus sind, denken Sie daran, dass jedes Buch, das geboren werden soll auch eine Chance hat, diese Geburt zu erleben.

Sollte Ihr Buch einen spirituellen Hintergrund haben und einen positiven, lichtvollen Gesamteindruck machen, so dass Sie den Lesern damit ein Stück "Lebenshilfe" anbieten können, dann freue ich mich, falls kein großer oder zahlungskräftiger Verlag Sie bei der Geburt des Buches unterstützen möchte, oder Sie einfach kein gutes Gefühl bei all den anderen Verlagen haben sollten, dann freue ich mich, wenn Sie mich kontaktieren.

Ich bin ein ganz normaler Mensch. Und so wie jeder Mensch, der sich Gedanken um das eigene Hier-sein macht, so habe ich es als meine Lebensaufgabe sehr gerne angenommen, Büchern zu helfen, geboren zu werden.

Wie gesagt, sie sollten einen spirituellen Hintergrund haben und etwas "Positives" an die Leser vermitteln.

Und ich hoffe, dass auch dieses kleine Büchlein ein wenig hilfreich sein konnte für Sie. Ich habe es mit sehr viel Freude geschrieben und ich habe es Ihnen, als Leser, auch erlaubt recht tief in mein Innerstes zu blicken. Ich glaube erkannt zu haben, dass ein offener Schreibstil, bei dem man den Kopf einfach auch mal abschalten kann und nur so schreibt, wie einem der Schnabel gewachsen ist, wo die Worte aus dem Herzen fließen, ohne etwas zurückzuhalten, dass so ein Schreibstil etwas Neuartiges, Erfrischendes hat, was ich selbst wirklich sehr begrüße.

Ich finde es schön, wenn man bei der Lektüre auch mal Lachen kann, wenn ein Buch auch zum Nachdenken oder sogar zum Nachmachen anregt.

Unser Leben darf Freude machen und ein Abenteuer voller Überraschungen sein. "Willkommen im Leben!"

Falls Sie also selbst den Weg zum "Geisterjäger" beschreiten wollen, dann darf ich Ihnen an dieser Stelle ein paar Bücher empfehlen, die Sie dabei möglicherweise als hilfreich empfinden werden.

Nähere Informationen dazu, wie ISBN-Nummern usw. finden Sie am Ende dieses Buches.

In diesem Buch haben Sie ja schon recht viele Informationen insgesamt zum Thema Sterben, Tod, Phänomene und Spuk usw. erhalten. Um das Bild noch ein klein wenig abzurunden empfehle ich Ihnen das "Geisterjäger" Büchlein. Ein "witziges" kleines Büchlein für unter 5 Euro, Sie wissen ja inzwischen, wie das gemeint ist.

Sie finden die Texte zu allen Meditationen, die Sie brauchen werden, um die eigenen inneren Schleusen zu öffnen in dem Buch "Meditationen für Lichtarbeiter". Es ist ein Gesamtwerk in dem alle Meditationstexte systematisch aufeinander aufbauen. Voller Vertrauen sage ich: "Sie werden es als hilfreiches Büchlein einschätzen."

Die anderen Bücher aus dem Merano-Verlag, wenn ich mal so ganz offen Werbung machen darf, dürfen für alle jene Menschen interessant sein, die sich irgendwie für spirituelle Themen interessieren. Aber schauen Sie selbst. Es gibt ja so viele Bücher auf dem Markt und auch die Vielfalt dessen, was Sie dort draußen finden können, ist ja schon großartig.

Sie werden Ihren Weg finden, sobald Sie sich dazu entschließen, den ersten Schritt zu machen auf ein Ziel zu, das Sie für sich selbst definieren und auch jeden Tag neu anpassen dürfen. Genießen Sie Ihr Leben und ich hoffe, Sie finden auch dieses "Vertrauen", das Ihnen einen leichten Umgang mit dem Leben und dem eigenen Sterben erlauben kann.

Mögen Sie auf all Ihren Wegen stets behütet sein, geborgen im Leben und vor allem auch in den schwierigen Momenten.

Die Erlösung

Unseren genauen Todeszeitpunkt kennen wir alle nicht im voraus. Verlieren wir einen lieben Menschen, dann fehlt ein wichtiger Teil in unserem Leben. Für die Hinterbliebenen heißt es dann nur noch "Abschied nehmen". Oft fehlen die richtigen Worte, oft bleiben viele Fragen offen, auf die wir keine persönliche Antwort mehr bekommen.

Was bleibt sind unsere Gefühle. Ein Trauergottesdienst oder eine Trauerfeierlichkeit kann uns helfen, noch einmal in Gedanken mit dem lieben verstorbenen Menschen in Kontakt zu treten, noch einmal zu reflektieren, was wir gemeinsam erlebt haben und wie es in uns selbst aussieht.

Am Grab selbst können wir noch einmal letzte Gedanken fassen, bevor die sterblichen Überreste mit Erde bedeckt werden. Wenn wir ganz ehrlich zu uns selbst sind, dann zeigt sich gerade in diesen letzten Momenten des Abschied nehmens, wie unsere Verbindung zum Verstorbenen war, wie es in unseren Gedanken und vor allem auch in unseren Herzen aussieht.

Diesen Moment, der meist eine Mischung aus traurigen und liebevollen Gedanken und Gefühlen mit sich bringt, gilt es zu bewahren. In diesem letzten Moment des Abschieds haben wir die Chance, einen tiefen Einblick in unser eigenes Inneres, in unsere Gedanken- und Gefühlswelt zu erhalten.

Wir alle kennen unseren Alltag, und wie oberflächlich, gedankenlos, manchmal auch rücksichtslos und unbekümmert wir mit unseren Mitmenschen umgehen. Die Trauer am Grab eines lieben Menschen kann Menschen wieder verbinden. Am Grab sollte es keine haßerfüllten Gedanken geben. Gedanken des Hasses sind "häßliche" Gedanken.

Die Trauer und der Schmerz zeigen uns sehr deutlich, wie sehr wir lieben können. Je mehr es weh tut, um so mehr lieben wir.

Wir dürfen diese Fähigkeit zu Lieben durchaus auch dafür nutzen, im Augenblick des Abschieds uns wieder auf das Wesentliche in unserem Leben zu fokussieren. Wie sieht es in uns selber aus? Sind wir ein Mensch, der Lieben und Verzeihen kann? Oder sind wir rücksichtslose Egoisten, die gegen unsere Mitmenschen kämpfen?

Wenn wir den letzten Willen des Verstorbenen kennen, und wir kein schriftliches Testament haben oder das schriftliche Testament sehr schwer für uns zu akzeptieren ist, dann zeigt sich ebenfalls, wer und wie wir wirklich sind.

Nehmen wir den Kampf gegen die eigenen Verwandten auf oder setzen wir uns für eine gute friedliche Lösung im Sinne des Verstorbenen ein, zum Wohle aller Betroffenen?

Würdigen wir den letzten Willen des Verstorbenen oder gehen wir buchstäblich "über Leichen" um unseren eigenen Vorteil gegenüber anderen durchzusetzen?

Wir können diese Momente am Grab nutzen, um mit uns selbst ins Reine zu kommen. Haben wir im Leben etwas getan, womit wir die Gefühle des Verstorbenen verletzt haben, dann werden wir fühlen, ob es gut und richtig war, oder ob es sich im Nachhinein schlecht und falsch anfühlt.

Wir dürfen diese Momente nutzen, um den Tod des lieben Menschen als Chance zu ergreifen, um auch mit unseren Mitmenschen ins Reine zu kommen.

Viele sehen den Tod eines Menschen als Erlösung. Viele bekommen durch den Tod eines Menschen allerdings erst selbst Probleme.

Die eigene Erlösung werden wir nur dann finden, wenn wir bereit sind, den gewohnten Alltag beiseite zu schieben und uns auf die wirklich bleibenden Dinge zu konzentrieren.

Alles, was wir nach unserem eigenen Tod mit uns nehmen können, sind unsere Erfahrungen und unsere Gefühle. Das sind unsere wahren Reichtümer. Wie haben wir gehandelt und wie sehr haben wir geliebt?

Wir haben jederzeit die Möglichkeit ab sofort auch wieder etwas bewußter zu leben und dafür Sorge zu tragen, dass wir unseren eigenen Schatz an liebevollen Gefühlen und positiven Erfahrungen vergrößern - für uns selbst und für unsere Mitmenschen.

Der Tod eines Menschen zeigt uns deutlich, dass auch unser Aufenthalt auf Erden sehr begrenzt ist, auch wenn wir das nicht immer so deutlich wahrhaben wollen.

Wenn ein Verstorbener uns einen Rat geben würde, wie könnte dieser aussehen? Möglicherweise würde ein Verstorbener uns sagen wollen:

"Nimm Dich Deiner Mitmenschen an. Kämpft nicht gegen jemand anders, sondern steht zusammen und helft einander.

Im Tod findet Ihr die Erlösung - doch nur, wenn Ihr diese bereits im Leben vorbereitet habt. Nutzt Eure verbleibenden Tage auf Erden, um liebevoll miteinander umzugehen. Wenn Ihr reinen Gewissens bleibt, oder es wenigstens versucht, Eure Mitmenschen nicht übervorteilt oder hintergeht, wenn Ihr freundlich und hilfsbereit seid und so weit als möglich auch liebevolle Worte miteinander pflegt, dann tragt Ihr Eure Erlösung auch schon jeden Tag mit Euch.

Denkt daran, dass das Gegeneinander Euch nur wieder in die Verzweiflung und Trauer führt und Ihr eines Tages mit einem schlechten Gewissen Eurem Tod gegenüber steht.

Wenn Ihr Eure Wege miteinander geht und Euch helft und unterstützt, Verständnis habt und auch dafür Sorge tragt, dass es Euren Nächsten gut geht, dann könnt Ihr mit reinem Gewissen die Hand des Todesengels nehmen und Euch in eine liebevolle Welt geleiten lassen. Zurück in Eure Heimat.

Ihr habt die Wahl. Wählt weise. Und denkt immer daran: **Jeder Tag zählt, doch auch Eure Tage sind gezählt."**

Schlusswort

Einem guten Rat folgend möchte ich dieses kleine Büchlein nun langsam auch wieder beenden. Ich hoffe, Sie haben darin einiges gefunden, was Ihnen hilft, die Welt mit ihren Spukerscheinungen und Phänomenen auf Ihrer ganz persönlichen Reise ins Licht ein wenig kompletter zu sehen und ein bisserl besser zu verstehen.

Vielleicht stimmen Sie mit mir auch in vielen Punkten überhaupt nicht überein, das ist völlig in Ordnung so. Dies soll kein Almanach sein, der Ihnen sagt, wo es lang geht. Dies sind lediglich meine eigenen Erfahrungen, meine Sichtweise, meine Art, mir selbst die Dinge zu erklären. Und ich kann Sie nur bitten und auffordern: Nehmen Sie meine Worte um sie für Sich selbst zu bewerten, nach IHREN Maßstäben, und kommen Sie bitte zu Ihren eigenen Ergebnissen.

Sonnenblumen sind toll, doch so richtig schön wird die Welt erst dann, wenn wir alle verschiedenen Arten, die ganze Vielfalt der Blumen, die es gibt, betrachten können. Es geht nicht darum, die EINE SCHÖNSTE Blume zu finden. Es geht darum, sich an der Vielfalt und Einzigartigkeit einer jeden Blumenart zu erfreuen. Und so soll es auch mit der Meinung unter uns Menschen sein.

Erfreuen wir uns an der Vielfalt der Meinungen, so lange wir uns selbst als Blumen erkennen. Dann macht das Leben einen Sinn.

Recht herzlichen Dank, dass Sie sich für die Lektüre dieses Buches entschieden haben - ich hoffe sehr, Sie hatten auch Freude am Lesen.

Vielen Dank an Sie und Alles Gute!

Ihr Dieter Heri Mader Kipfenberg, 16.03.2018

Literaturhinweise:

Anke Rittscher

Bienengflüster ohne e

ISBN-13: 978-3-944700-85-4

"Bienengflüster ohne e" ist ein Buch über unsere so wertvollen Bienen, über Politik, die Liebe, unsere Zukunft und vieles mehr.

Anke Rittscher gibt praxistaugliche Erfahrungen weiter, die sie in über 30 Jahren ihrer helfenden Tätigkeit als Numerologin und Medium gesammelt hat.

Mit einem erfrischenden und humorvollen Schreibstil nimmt sie uns Leser mit in ihre Welt und lässt uns hautnah teilhaben an ihren Erlebnissen.

Ihr Buch inspiriert und lädt uns ein, die sehr persönlichen Worte der Autorin für eigene Erkenntnisse zu nutzen.

Sie schreibt: "Was mich wirklich in meinem Leben weiter brachte, waren die Menschen, die ihre Seele preisgaben."

Mit diesem Buch erhalten wir die Möglichkeit, aus diesem Wissen selbst zu lernen.

Dieter Heri Mader

Meditationen für Lichtarbeiter

ISBN-13: 978-3-9806781-7-9

Die in diesem Buch enthaltenen Meditationstexte sind speziell für Lichtarbeiter entwickelt worden.

Sie dienen der Entspannung und behandeln darüber hinaus auch Themen für die gezielte Weiterentwicklung innerer Wahrnehmungsfähigkeiten.

Sie finden hier zahlreiche praxiserprobte Texte, die sich ganz hervorragend dazu eignen, die persönliche geistig-spirituelle Entwicklung effektiv zu unterstützen.

Durch das gezielte Heranführen an ganz bestimmte innere Bilder und Situationen wird die sanfte Transformation der eigenen Persönlichkeit wirkungsvoll unterstützt – hin zu einem liebenden und verständnisvollen Menschen.

Die enthaltenen Meditationen bauen Schritt für Schritt und systematisch aufeinander auf, so dass Sie bei der Anwendung der einzelnen Texte sicher geleitet werden auf Ihrem ganz persönlichen Weg in die geistige Komponente Ihres Selbst.

Dieter Heri Mader

Geisterjäger

ISBN-13: 978-3-9806781-6-2

Dieses Buch zeigt Phänomene auf, mit denen tagtäglich Menschen konfrontiert werden, die mitten unter uns leben.

Diese trauen sich oft nicht darüber zu sprechen – aus Angst, sie könnten ausgelacht oder für verrückt erklärt werden.

Spukerscheinungen und Poltergeister sind nichts Ungewöhnliches mehr, wenn man erst einmal verstanden hat, was hinter diesen oft gruseligen Begebenheiten tatsächlich steckt.

In diesem Buch finden Sie geistig-energetische Methoden, die praxistauglich sind und einem Spuk schnell ein Ende bereiten können.

Daneben vermittelt das Buch auch, wie man mit Hilfe von Verstorbenen sogar Heilarbeit leisten kann.

Tauchen Sie ein in die Welt der Wesen und Geister und lernen Sie, mit welchen geistig-energetischen Methoden wir auch auf der Ebene zwischen den Welten helfend tätig werden können.